JN278170

短期合格者だけが知っている!

「一発合格!」勉強法

超速太朗 Tyosoku Taro

日本実業出版社

はじめに

自分の勉強法に100%の確信を持って、「短期合格」へ走り出そう！

「合格者の数だけ、合格法がある」と言われる。これはある意味で真実ではあるが、その反面、本質的な問題から受験生を遠ざけてしまう面もある。それは、「○○勉強法」とか「××勉強法」といったいろいろな勉強法が紹介され、どれを実践したらいいのか、受験生を常に迷わせているからだ。

たとえば、ある優秀な人が短期間である資格に合格したとしよう。彼はその後、合格のノウハウを本やネット上に公開する際、「ホントは、ある本に書かれていた勉強法をそのまま実践したら、合格したんですよ」とはなかなか書いてくれない（実は、ここに短期合格のための大切なヒントが隠されている！）。必ずや、自分独自の勉強法、ノウハウを披露しようとする。

このため、それを読んだ受験生が「自分のこれまでの勉強法」に疑問を持ち始める。

この新たな「迷い」が、あなたを合格から遠ざけてしまうのだ。もうそろそろ、これまでの**勉強の「やり方」ばかりに焦点を合わせる発想から、勉強の「考え方」を重視する発想へ**とシフトさせたらどうだろう？

つまり、あなたが本気で短期合格者になりたいのなら、短期合格者が「何をしたか？」ではなくて、「どのように考えていたか？」に着目しなければならない。

この世に無数に存在している勉強法のノウハウ本と比べて、本書は何が違うのか？私が本書を手にとってもらった皆さんにお約束できることは、以下の三点である。

一点目は、本書の著者である超速太朗は、確実に凡人であるということだ。勉強法の達人が書いた本では、有名大学を出て、司法試験や公認会計士といった超難関の国家資格に合格した人ばかりである。そうしたある種、特別な才能を持った人が書いた勉強法の本ではないことは確かである。私が本書の執筆において最も主眼においたことは、「説得力」だ。つまり、「どのように読者に伝えたら、わかりやすいか？」を最大限意識して、本書はこれまでの勉強法のノウハウ本になかった『対話形式』を採用した。

二点目は、私が資格試験の受験生の現場を知り尽くしている講師であるということだ。私は年間八〇〇時間以上の講義を毎年続けているので、それだけでも普通の講師の二〜三倍の講義回数はこなしているが、この五年間は、「社員講師」として講義をこなしてきた。専任講師であれば、授業のときだけしか顔を出さないが、社員講師であるため、講義時間と同じくらいの時間を数多くの受講生と向き合ってきたのだ。しかも、ここ二年ほどは、ネット上でホームページ、ブログ、メールマガジンなどを駆使することによって、全国の資格試験の受験生の生の声を聴きながら、さまざまな角度からアドバイスを続けてきた。

そういう点からしても、本書は一人だけの合格体験を基にしたノウハウ本でも、頭で考えた机上論を展開しているわけでもない。実際に実証済みの**短期合格に効果の高い勉強法しか紹介していない**つもりである。

三点目は、本書が勉強法の単なる紹介本ではなく、デキる受験生とそうでない受験生の「ちょっとした考え方の差」をできるだけ克明に表現していくことを目的に書かれた本ということである。この目的は、私のある一つの問題意識からスタートしている。それは、**どうして、同じ教材、同じ講義、同じ時間をかけて勉強しても、合格者と不合格者に分かれてしまうのだろう？**　という点だ。

この本に登場する主な人物は、資格学校の現役講師の私（超速太朗）、今年見事に一発合格を果たした相川さん、自称実力者（つまり、まだ合格していない）の坊田さんの三人である。この相川さんと坊田さんの二人は、架空の人物だ。しかし、誰の中にも相川さん的な要素や坊田さん的な要素を持っていると思う。この二人と私のやりとりを通して、この問題意識が立体的に明確に理解できるはずだ。そして、それによって「短期合格への道筋」が明瞭に見えてくるのだ。

一言で言うなら、**短期合格への道を歩き出そうとしているあなたに、合格に直結している道に続く扉のカギをプレゼントすること**、それが本書の使命なのだ。

本書は、あなたを短期合格へと導くパワーに満ちている。勉強の合間に本書に目を通していただければ、読み返すたびに、新たな発見を得られることだろう。

さぁ、あなたも私たち三人と一緒に、勉強法に100％の確信を持った自分に出会うための思索の旅に出かけよう。それが、短期合格の最短距離となるのだから。

超速太朗

二〇〇七年九月

Contents

短期合格者だけが知っている！
「一発合格！」勉強法

第2章 正確な地図とコンパスを持っているか？

第3章 学習環境こそ、短期合格の決め手

第4章

なぜ、テストで結果を出せないのか？

第5章

答練や模試の位置づけは、明確か？

戦術編

「結果を出す」ための超速勉強術

第1章 合格するための勉強法を考える

第2章 『情報加工』の技術を磨く――テキストを耕す

第6章 『自己管理』の技術を磨く――自己宣言ノート

メンタル編

「合格運」を確実に引き寄せる超心理術

第1章 デキる受験生は皆、「クールに、メラメラ！」

第2章
「三つの恐怖」が合格を遠ざける

第3章
運を引き寄せる「三つの習慣」

第4章
悔しさを通して魂に至れ

第5章

合格の先にあるものを見つめて

装丁／冨澤 崇
イラスト（クレイ）／銀杏早苗
本文DTP／ムーブ（川野有佐）

戦略編

「最初の一歩」が
あなたの合否を決める!

▼「最初の一歩」があなたの合否を決める！

第１章

「絶対に合格する」という気持ちがあれば、合格するのか？

十五年前の、ある司法試験受験生の失敗

きっかけは、ある教授の何気ない一言からだった。

「司法試験は麻薬みたいなものですから」

その言葉を聞いた学生は、反骨精神の塊《かたまり》のような男だった。そして、すぐにその言葉に反応した。

「司法試験が麻薬かどうか、俺が試してやる！」

それまで『六法全書』を一度も開いたことのなかった学生が、三回生の春からひたすら大学の図書館に籠《こ》もって勉強する日々が始まった。周りには、司法試験を受験する知人は一人もいない。情報源といえば、受験雑誌や市販の合格体験記だけだった。その中で、彼はある専門予備校の司法試験受験対策講座の二年分の講座を一度に購入した。どうしても、来年の現役合格を果たすためである。客観的に考えると、合格する可能性は限りなくゼロに近い。しかし、当時の彼は本気で合格できると考えていた。

彼が本気で「合格できる!」と信じ込んでいたのには、むろん理由があった。それは、どの合格体験記にも、「合格するためには何が一番大切か?」という疑問に対し、すべての合格者が異口同音に同じことを言っていたからだ。**「絶対に合格する!」という強い気持ちさえあれば合格する**……と。

当時の彼は、この言葉を強く信じ、猛勉強をスタートさせた。毎日三時間の講義をカセットテープで聞き、その復習をするという毎日が続いた。食事といえば、朝昼晩とも学生食堂でさっさと済ませ、勉強に集中した。一日中、誰とも話をしない日々が頻繁にあった。同級生が就職活動に忙しいときも、彼は一人で大学の図書館に籠もったまま勉強を続けた。

「絶対に合格する!」という気持ちだけは、常に誰にも負けないと思っていた。それでも、最初の短答式の試験さえ突破できず、当時付き合っていた彼女にはフラれ、親には仕送りを断わられ、座りっぱなしの生活のために腰まで悪くした。
孤独な勉強を開始してから二年以上が過ぎた頃には、当初の自信はボロボロに崩れ去り、志半ばで就職するために四国を離れた。二十三歳の秋のことである。「もう、資格には絶対に頼らない」と誓って。

そんな若者が十五年後、資格学校で講師をしているなんて、当の本人である私自身が一番驚いている。そして、昔の私のような不幸な受験生を再びつくらないよう、【考える合格法】の受験指導を続けている。

☀短期合格者、自称実力者の二人との出会い

私が、短期合格者の相川耀子《ようこ》さんと出会ったのは約一年前のこと。そして、自称実力者の坊田紘一《こういち》さんに出会ったのは半年前のことだ。

相川さんは、私の講座開講前のガイダンスに参加して、そのますぐに受講を決めてくれた。大学を卒業してからＯＬとして三年が過ぎ、自分の新たな可能性を広げるために資格の取得を目指すと言っていた。

その年の入門講座の開講以来、彼女が講義を休んだ記憶はない。いつも、教室の最前列から二列目に座り、講義の合間にも熱心に質問をしてきた。成績は必ずしもトップクラスとはいえなかったものの、みごと今年「一発」で合格した。

合格後の進路についても相談を受けたが、彼女は結局、もう一つ別の資格を取得するべく、再度、私が教えている資格学校の別の講座を受講し始めたため、また学校でよく顔を合わせるようになった。

坊田さんのほうはこうだ。今年の直前期に答練と模試だけのパックを申込みに、私が講師をしている資格学校に来た。たまたま私が在席していたので少し応対したのが、坊田さんとの初めての出会いになった。

私の手渡した名刺から私が彼の目指している資格の講師だと知ると、一瞬品定めするように私を見つめ、それから自分の学習状況を教えてくれた。一年目は、完全に独学だったが、「惜しくも不合格だった……」ので、今回は答練や模試だけでも資格学校を利用してみることにしたらしい。

彼とは十五分くらいの面談だったと思うが、その間に**「あと一、二点で合格していたんです」**という言葉を三回は聞いた。実際に答練が始まってから、彼の言葉から大いに期待していた私だったのだが、坊田さんの成績は私のクラスでも中くらいで、結局、最後まで成績優秀者には名前が載らなかった。

こうして、坊田さんは今回、二度目の不合格となった。その坊田さんが、また私のところへ顔を出してくれたのは、本当に嬉しかった。坊田さんとは直前期だけの関係だったが、相川さん同様に、答練には一度も休まず参加してもらっていたし、ちょっとピントはずれも多かったが、よく質問もしていた。何よりも、まじめで熱心な姿勢にはいつも好感をもっていた。

そして、「もう一度、最初から学び直してみてはどうか」という私の提案を受け入れてくれ、今度は基本講座の最初から受講を決めてくれた。もっとも、「あと、一、二点で合格していた」という言葉は、昨年の倍の六回は聞かされたのだが。

坊田さんは「合格したら、独立開業することが夢」で、ずっとアルバイトを続けながら勉強していた。相川さんも密かに転職を考えていた。二人とも、実にまじめに勉強した。今年の直前期は、相川さんと坊田さんが並んで机に座っていることが多かった。二人とも、講義に集中していたし、使える時間はすべて勉強に捧げていた。

この二人の様子を見ていて、私は忘れかけていた十五年前の司法試験受験生時代のことを思い出したのだ。この二人の様子は、あのときの自分自身とそっくりだったから。

ホントに「強い気持ちだけ」で合格できるか?

坊田さんの再受講が決まってから、「この一年間どのような指導をしたら、坊田さんの軌道を修正でき、合格へと導けるか?」をずっと考えていた。

今年の坊田さんの勉強ぶりを見て、私は坊田さんの方が相川さんより「合格したい!」との思いが弱かったとは、決して思えない。それでも、坊田さんの場合には、**「何か?」を変えていかなければ、三年目の受験も合格が覚つかない**ような気がしている。

それが何であるかは、もちろん私にはわかっていた。しかし、それを言葉にすることは難しいいし、いかに伝えたら、坊田さんの血肉になるのだろうか?

この命題を追求していくのは、何も坊田さんのためだけではない。全国には坊田さんと同じような状況の人はいくらでもいるだろうし、何より自分の資格試験の受験講師としてのスキルアップのチャンスだと考えた。

合格するためには何が必要だったのか

答えは、すべて坊田さんの内側にある。だから、私はことあるごとに坊田さんに話しかけようと心に誓った。まだ、新しい講座が始まる前だったが、学校で坊田さんを見つけたので話しかけてみた。

「坊田さん、一言で言うと、『**合格するために何が一番大切**』と思いますか？」

突然の質問に、坊田さんは戸惑ったように、

「一言で言うと？　これは先生の口癖ですよね」

確かに、そうだった。私は、講義中に頻繁に「一言で言うと？」という言葉を使っている。常に、「一言で言う」ことは、自分で本当に考えていないとできないことだ。だから、私は受験生にいつも、一言で言えるよう、考えていく大切さを説いていた。

坊田さんはしばらく考えていたが、やがて自信を持って答えた。

「それは、理解することですね。理解していないと、覚えられませんからね」

私と坊田さんがこれから「何か？」を求めるには、絶好の返事だった。坊田さんのこの考えによって、坊田さんのこれまでの受験スタイルが作られ、そしてそれが現在の坊田さんにつながっているのだ。

ちょうどそのとき、相川さんが姿を見せた。いまから、講義があるらしい。そこで、坊田さんに話を続ける前に、相川さんにも同じ質問をしてみた。

すると、相川さんは間髪《かんぱつ》入れずに、こう答えた。

「**『繰り返すこと』が大事**って、いつも先生が言っていたじゃないですか」

こう言い残して、そのまま彼女は教室に入っていった。私は、相川さんから期待通りの答えが返ってきたことに少し感動した。

「そういえば、先生は『繰り返すことが一番大切』と言ってますよね。ですから、『理解すること』、『繰り返すこと』の二つが大切なんじゃないですか?」

すぐに、坊田さんがフォローを入れてきた。

「坊田さん、一番大切なことが二つあったら、ダメなんですよ」

「それは、どういうことですか?」

このことに、坊田さんが興味を示したのは、大きな収穫だった。

☀合格に必要な理解のレベルが足りない?

「坊田さんは、理解することが一番大切だと考えていますね。それでは、理解するためには、何をしなければならないですか?」

私は、結論を急ぐ坊田さんにわざと遠まわしに質問を始めた。

「理解するためには、まずテキストをしっかり読んでいかないといけません。あとは、テキストだけでは不充分なので、僕はいろんな参考書とか受験雑誌でできるだけ補うようにしています」

「つまり、知識を広げているのですね？」

「そうですね。知識がないよりある方が、理解は深まりますからね。今でも知らない知識が多くて、びっくりしますよ」

坊田さんがそう答えた。

「私たちが受験する試験は、マークシート方式ですね。坊田さんは、本当にこの試験において、『理解していないために合格できていない』と考えているのですか？」

私は、質問の角度を変えてみた。

「いや、そうとは限りません……。正直に言うと、あまりそこは結びつけて考えていませんでした。一般的に、『理解が大切、理解が大切』と言うじゃないですか」

私は、こんな素直な坊田さんなら、きっと軌道修正ができると直感的に確信した。私は、言いたいことをストレートに表現した。

「私は、『内容を理解していないから合格できない』というのは、大きな幻想だと考えています。逆に、**『理解ばかり求めているから、合格できない』**のです。理解を求めると、どうしても今よりも知識を広げよう、広げようとします。でも、マークシート方式の試験が求めているのは、正確な知識です。決して、知識の量でもないし、いわゆるリーガルマインドでもありません。ですから、私は『繰り返すこと』が一番大切であると言っているのです。つまり、**知識を広げる方向ではなく、知識を固めていくこと**が受験には求められているのです」

「でも、先生、内容をしっかり理解していないと、そもそも覚えられないでしょう?」

「その試験で求めている理解というのが、どの程度のレベルを言っているのか、じっくり考えてみたらいいと思いますよ。坊田さんも答練のときに、いつも『また、ひっかかった』とか『わかっていたのに、間違えました』という問題が多かったですよね」

「いや、本当にその通りでした」

坊田さんは、そう言いながら頭をかいた。

「それって、ホントに理解不足なのですか?」

「……」

「試験に合格するために必要な理解というのは、私が授業で講義するレベルでいいのです。もっと、具体的に言えば、『問題文を読んで何を言っているのか?』を理解できるレベルでいいのです。ですから、社会保険労務士や行政書士などの資格試験では、普通に一年間資格学校に通えば、簡単に得られる理解レベルです。だから、**試験の後で解答を読んだら、ほとんどみんな『知っている範囲の知識』**なのです。そうでしょ？　でも、現実には『知っている』だけでは、試験で正解できません。それを『知っている』レベルから、『使える』レベルに変えるために、繰り返すことが何よりも大切なのです」

「……」

まだまだ、言葉は後から後から湧き出てくる感じだったが、いきなり多くの視点を伝えても、消化不良をおこすだろう。そうでなくても、すでに目の前の坊田さんは目をパチパチさせている。今日は、ぜひ『繰り返すこと』をもう一度、しっかり考えてもらうように伝えて、私はその場を去った。

比較認識法マップ①

「試験の形式」で比較認識してみると…

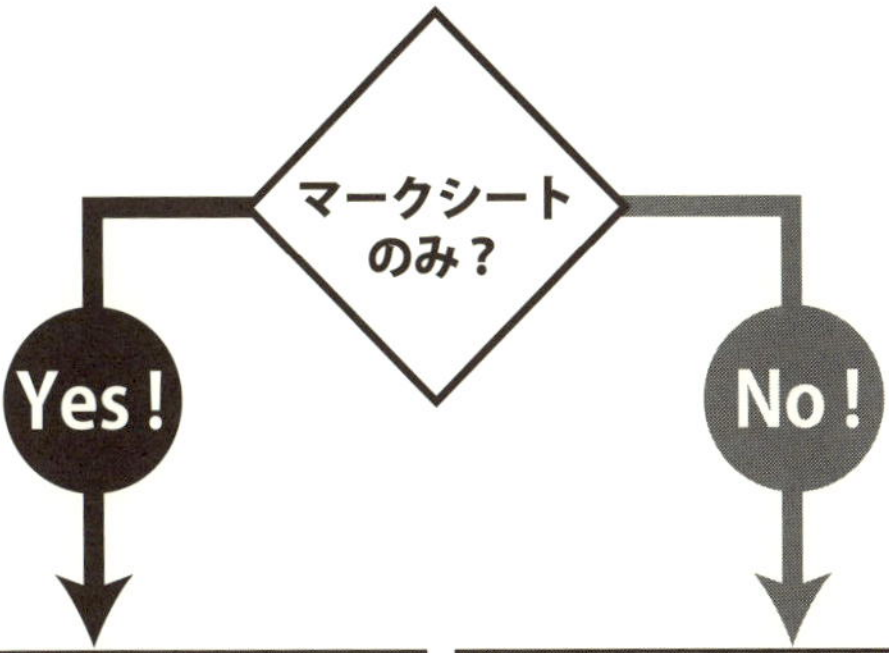

マークシート試験のみ！

- ▶社会保険労務士試験
- ▶行政書士試験
- ▶宅地建物取扱主任者試験

マークシート以外の試験もあり！（マークシートがない場合も）

- ▶新司法試験
- ▶司法書士試験
- ▶公認会計士試験
- ▶税理士試験
- ▶日商簿記検定（2級）
- ▶中小企業診断士試験
- ▶不動産鑑定士試験
- ▶ファイナンシャルプランナー試験（AFP）

超速太朗の一言コメント

「マークシートだけの試験」って、意外に少ないですね。その中で、行政書士試験はマークシートの中に45字程度の記述式の出題もあります。

第2章 正確な地図とコンパスを持っているか？

「最短で合格する」ことを目的のイチバンに考える

目指すべき方向と距離も知らずに、目的地に到着できる可能性は限りなくゼロに近い。そのため、出発前には誰だって、目的地を決めるだけでなく、正確な地図とコンパスを用意しなければならない。そして、受験生の目的はただ一つ、「試験に合格する」ことだ。しかも、できるだけ早く合格したほうがいい。そのことに異論のある人は、いないはずだ。

この点、「どうして、坊田さんが最初の二年間、独学を選択をしたのか？」私は以前から疑問に思っていた。そこで、土曜日のお昼時に休憩ブースで、ちょうど相川さんと坊田さんが談笑しているところを見つけたので、思い切って聞いてみることにした。

「坊田さん、ちょっと前から聞きたいと思っていたのですが、なぜ最初、独学を選択したのですか？　坊田さんの住んでいるところなら、通学もラクラク可能だったはずでしょう」

坊田さんは、突然の質問に少し驚いた表情をしたが、照れくさそうに話し始めた。

「そりゃぁ、同じ合格するなら、できるだけお金をかけない方がいいでしょう。それに、完全に独学で合格したって人も、合格体験記の中にはいますから」

同じ質問を相川さんにもしてみた。

「では、相川さんはどうしてこの学校に通うことにしたの？」

「私は、独学で合格する自信がなかったし、どうせやるなら、絶対一年で合格したかったからです」

「僕も、もちろん一回で合格したかったたですよ」

あわてて、坊田さんも付け加えた。

私は、二人のこのちょっとした考え方の違いに着目した。坊田さんが合格のために一番に大事に考えてきたことは、「お金をかけないこと」だったのに対し、相川さんが一番に大事に考えてきたことは、**「時間をかけないこと」**だった。この違いが、二人の合格までの時間に決定的に影響を与えたと言ってもいいだろう。

もちろん、資格学校に通ったからといって、必ず短期間で合格できるとは限らない。逆に、独学だからといって短期間で合格できないとは限らない。しかし、できるだけ早く合格することが受験生の唯一の目的であるならば、確率の問題として事実上の結果は明らかだと思う。

重要なことは、「一番大切なことは何か？」ということを常に見失わないことだ。これは受験に限らないことだが。

☀ホントのコストを計算してみると？

次に、私は坊田さんが大切にしていたコスト意識を検証していく上で、相川さんと坊田さんのそれぞれが負担しているコストを正確に算出してみることにした。

「坊田さん、ちょっと申し訳ありませんが、初年度から昨年の受験までの二年間にかかった費用を大体でいいですから、ちょっと書き出してもらえませんか？」

坊田さんは、快くレポート用紙に次のように書き出してくれた。

◎坊田さんの2年間のコストは安くなかった！◎

〈1年目〉	
テキストや問題集、受験雑誌等	約　3万円
各種単発セミナー参加費用・交通費	約10万円
〈2年目〉	
テキストや問題集、受験雑誌等	約　2万円
答練・模試パック	約　5万円
	（合計で約20万円）

「かなり、初年度は単発セミナーに参加されたんですね」

私は、正直驚いた。

「独学だとモチベーションの維持が大変ですから。それに、受験仲間も作りたかったですから」

私は、すぐに口を挟みたくなったが、ぐっと我慢した。今度は相川さんに同じ質問をしてみた。

「私の場合は、受講した講座の受講料以外は、先生が薦めてくれた市販の問題集を二冊買っただけですから、受講料と合わせても、二〇万円くらいです」

「あれぇ、僕と同じくらいですね」

恥ずかしそうに、坊田さんが頭を

かいた。

「坊田さんのコストは、実はこれだけではありませんよ」

「どういうことです？　先生」

どうやら坊田さんは、まだホントのコストがわかっていないようだ。

「坊田さんは、合格したら独立開業する予定ですよね。独立後の初年度の売上目標はどのくらいを考えていますか？」

「最低、三〇〇万円はいきたいですね」

坊田さんの口から「三〇〇万円」という数字が出てきた。

「となると、坊田さんが一年目で合格していると、昨年はこの三〇〇万円が得られるはずだったのが、得られなかったのですから、この損失もコストに計上すべきでしょう」

坊田さんの目が、大きく丸く見開いた。

「そして、今年も合格できず、再度、来年をめざして受験勉強をするのですから、最低六〇〇万円は損をしたことになりますよ。コストは二〇万円ではなく、六二〇万円と考えられませんか」

また、坊田さんが目をパチパチさせ始めた。

誘導ミサイルの三つの特徴

坊田さんに対して、あまりキツイことばかりを言ってもいけない。そう思い直し、フォローの言葉を探しているところに、相川さんが上手に話題を変えてくれた。

「私は先生の講座に一年間通って、勉強の考え方ややり方だけでなく、今でも役に立つ話をたくさん教えてもらいました。特に、『誘導ミサイル』が私のお気に入りです」

「誘導ミサイル？」

さっそく、坊田さんが興味を示してくれた。私は、相川さんに感謝して話を変えた。

「私は、**受験生は、みんな誘導ミサイルにならないといけない**と考えています。どんな障害があっても、目標に向かって飛び続けなければいけません。合格への道のりは決して平坦ではないですからね」

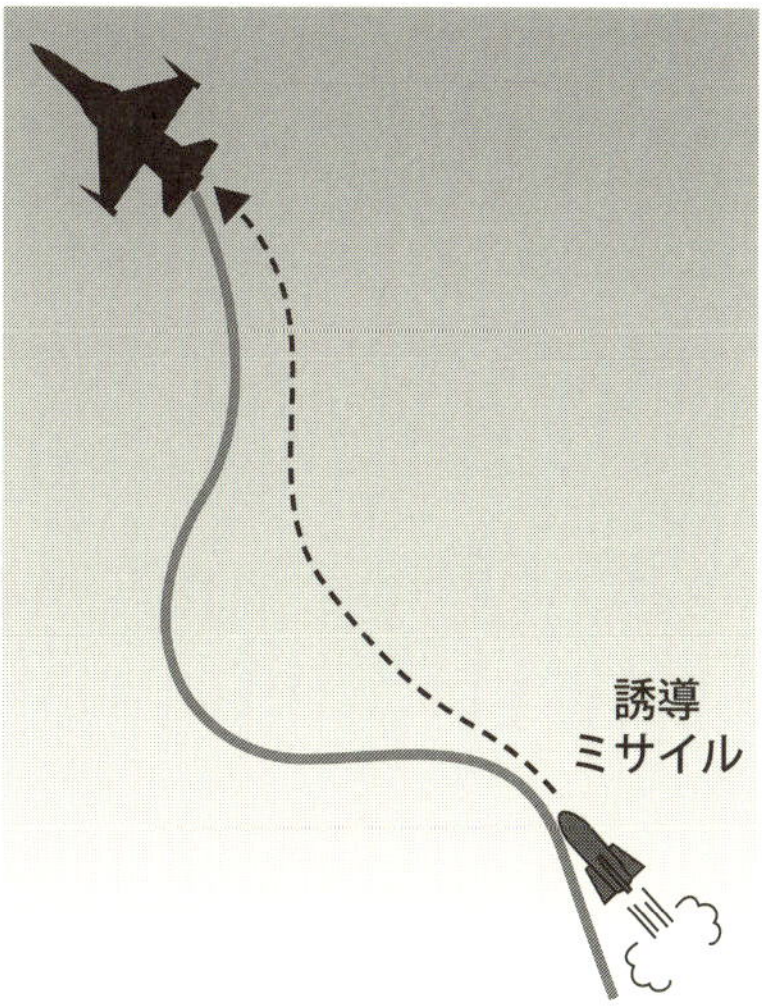

相川さんが大きく頷《うなず》いて、口を開いた。

「誘導ミサイルは、『**飛び続けないと軌道修正ができない**』のですよね、つまり、受験生も常に試行錯誤を繰り返しながら、合格を目指さないといけないってことですよね？」

「他にあと二つの意味がありますよ。一つは、誘導ミサイルは目標を明確に設定しないと発射できないこと。もう一つは、これが一番大切なことですが、誘導ミサイルは一度発射されたら、目標に到達するまで飛び続けること」

「へえ〜、誘導ミサイルって、そんな意味もあったんですね。知らなかったなあ。今日は、なんか得した気分」

それまで、黙って相川さんと私の会話を聞いていた坊田さんが、レポート用紙を取り出して、誘導ミサイルの三つの特徴をメモ書きした。

「あっ、私にも紙を一枚ください」と言って坊田さんからレポート用紙を一枚もらうと、相川さんも坊田さんのこのメモを写して、大事そうにポケットにしまい込んだ。

◎誘導ミサイルの3つの特徴◎

①目標を明確に設定しないと発射できない
②飛び続けなければ、軌道修正できない
③一度発射されると、必ず目標に到達するまで飛び続ける

☀受験生は「まず、時間ありき」

「最後に、坊田さんに聞きますが、坊田さんの誘導ミサイルの目標には何を設定しますか？」

私は、誘導ミサイルの最も重要なテーマに触れるチャンスだと思い、もう少しだけ掘り下げて質問をしてみた。

「もちろん、『試験に合格すること』です」

「う～ん、もう少し、具体的に言うと？」

「試験に要求されている合格レベルの実力をつけることですか？」

隣の相川さんも、頷《うなず》いている。

「坊田さん、もっと大切な何かを忘れていませんか？」

「はあ？」

坊田さんが相川さんの顔を見ながら、助けを求

めた。

「坊田さんの誘導ミサイルというのは、『合格レベルの実力をつけること』を目標に発射させたら、それで『予定通り』に合格できますか？」

「う〜ん」

相川さんが坊田さんより、先に気がついた。

「誘導ミサイルに『**時間の設定**』をしなければなりません。たとえ、合格レベルの実力をつけることができても、それが本試験の後だったら意味がありませんから」

坊田さんも気づいたようだ。

「そうです。これから、坊田さんが誘導ミサイルになって飛ぶ際に、常に意識しないといけないことは、時間の観念です。今後、あれも勉強したい、これも押さえておきたいと、きっとやりたいことはたくさん出てくると思いますが、『**まず、時間ありき**』なのです。『**時間を最優先する**』ことを忘れてしまうと、どうしてもムダなことに時間を浪費してしまい、短期間で合格することは難しくなるでしょう」

「まず、時間ありき……か」

坊田さんは、そう呟きながらメモした。

「そう、合格レベルの実力を高めるための方法を考えるよりも、限られた時間内で、**『何をどのように実践したら、最も効果的か？』を常に考えていくべき**でしょうね」

時計を見ると、もう四十分以上過ぎていて、私の昼食時間がなくなりそうだった。

「今日は、ここまでにしましょう。この『まず、時間ありき』という考えは、これから坊田さんが合格の戦略を立てる上で、重要なキーワードになりますので、これからもっと時間をかけて考えていきましょう」

比較認識法マップ②

「合格までの期間」で比較認識してみると…

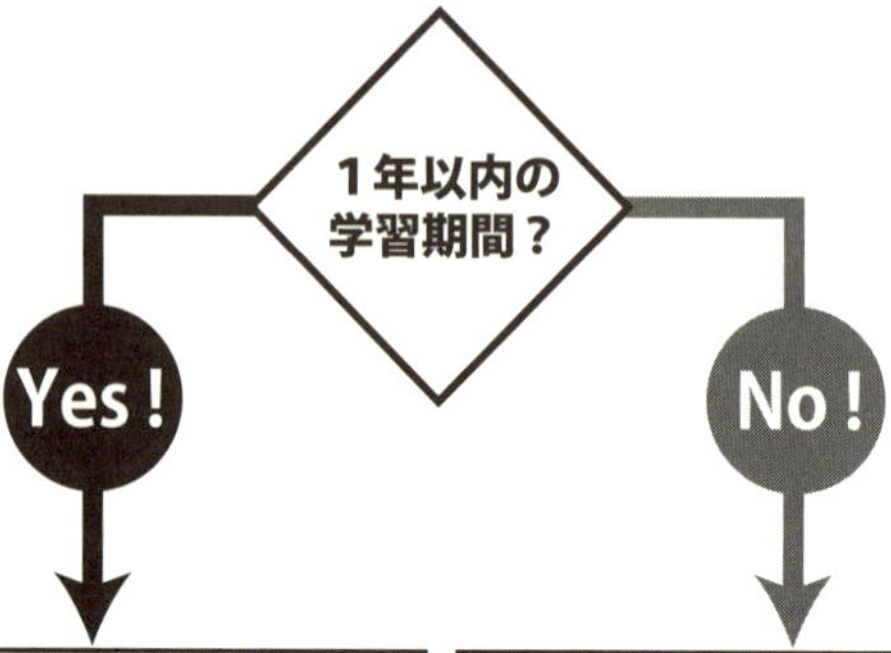

1年以内	1年を超える
▶社会保険労務士試験 ▶行政書士試験 ▶宅地建物取扱主任者試験 ▶日商簿記検定（2級） ▶中小企業診断士試験 ▶ファイナンシャルプランナー（AFP）	▶新司法試験 ▶司法書士試験 ▶公認会計士試験 ▶不動産鑑定士試験 ▶税理士試験（5科目）

超速太朗の一言コメント

合格までの標準学習期間は、当然、人によって違いがありますね。各資格学校のメインの講座の受講期間を参考にしました。

戦略編

▼「最初の一歩」があなたの合否を決める!

第3章

学習環境こそ、短期合格の決め手

環境が人を育てる

いま思い返してみると、私にとって大学三回生の秋は、大きな分岐点だった。というのは、三回生の秋までに卒業単位をほぼ取得していたため、この三回生の秋から東京へ引越をして、司法試験の専門学校に通う、というのが当初の予定だった。

しかし、現実にその時期が来ると、私はしり込みをした。何の身寄りもない東京に、学籍を残したまま単身で乗り込むことに、大きな不安を感じた。それに、「東京に行けば、バイトもしなければならないし、通学にもかなり時間がかかるだろうから、実際に勉強できる時間が大幅に減少してしまう」と、東京に行かない「いいわけ」を考え出し、そのまま孤独な大学の図書館に居残ることにしたのだ。

つまり、当時の私は「学習環境」よりも「時間」を優先した。勉強時間を確保した方が、より合格しやすいと判断した。この判断の甘さがどのような結果を招いたのか、私はその後の自分の体験を通して痛感した。

坊田さんが独学を選択した理由にはなかったが、通学できる環境にありながら独学を選択する人の多くは、同じような判断があることを私は知っている。毎年、私の講座の受講生のうち、二〜三割がこの「最初の年は、独学でした……」という人たちだ。もちろん、本人の当初の計画は違うだろうが、これが現実だ。

☀高校受験や大学受験と、資格試験の環境は全然違う

環境の大切さを考えていく前に、まず社会人になってからの資格試験の受験の環境とそれまでの高校受験や大学受験の環境とを比較しておきたい。資格試験の受験者の中には、「大学受験も経験してきたし、受験という意味ではたいして変わらない」と考えている人も多いからだ。あなたが同じように思っているなら、いまからすぐ、その考えを修正しておく必要がある。

まず、資格試験は自発的に自分の判断で受験を決めたはずだ。もちろん、一部の人は

会社の命令で受験を始める人もいるだろうが、その命令に従うのもあなたの判断だ。これに対して、高校受験や大学受験は社会全体の風潮として、受験をして当たり前のところがある。だから、学生は嫌でも勉強をする。それが学生の仕事だから。

次に、高校受験や大学受験は自分の周りも、ほとんどが同じ目標に向かって日々努力している。だから、自然と普段の会話も勉強の話になるだろうし、生活リズムもほとんど一緒だ。この点、資格試験は「逆」と考えてよい。職場が協力的なケースは稀《まれ》で、それどころか、職場には内緒で勉強している人の方が多い。そういう人は、仕事と勉強の狭間で日々戦わなくてはいけない。

この二つの点を考えても、社会人の資格試験において「環境づくりが、いかに大切か？」を認識していただけると思う。**「いかに、短期間で合格するか？」を考える学習戦略**において、環境の大切さを再認識することは避けて通れない。

資格学校の「目に見えない力」を利用せよ

資格学校に通学する利点は、単に最新の知識を得るためだけではない。知識だけなら、独学で充分だ。いま本書を読んでいるあなたは、これから厳しい合格率に立ち向かっていかなければならない。自分一人だけの力には、どう頑張っても限界がある。資格学校が持つ「目に見えない力」の存在に意識を向けてみることをお勧めしたい。

同じ目的を持った仲間が集まると、前向きな波動が共鳴により増幅され、大きなエネルギーを生み出す。このことを相川さんは「学校に来ると、なんか背中を押される気分なれるのです」と表現していたし、坊田さんは「他の人に負けられないと、お尻に火がつく」と表現していた。

この「目に見えない力」の存在を知り、それを上手に活用できるかどうかは、厳しい合格率を勝ち残る重要な要素だと思う。

☀資格学校選びは、ホントは「講師選び」

せっかく、環境の大切さを認識しているのに、資格学校を選ぶ際に金額面を重視して選択するのは、逆にもったいない。知識や情報だけを得るためだけなら、いまの時代は本やネット上で充分に得られる。

また、「有名な資格学校に入れば、絶対に大丈夫」というわけにもいかない。仮に、どんなに高い合格率を誇る資格学校に入ったとしても、あなたが合格できないと意味がない。どの資格学校でも、基本的に受講料は全額前払いで支払う仕組みになっているから、少しくらい時間がかかっても、じっくりと選びたい。

この点、相川さんは徹底していた。相川さんが受講前に私のガイダンスに参加したときには、「ガイダンスに参加するのは、ここで三校目です」と言っていた。全体のガイダンスの後も、相川さんは私に熱心に話しかけてきた。


「先生は、いま教えておられる資格に一発で合格されたのですか？」

「講師になってからの経験は、どのくらいですか？」

「この学校の昨年の合格者は、何人ですか？」

「講義が始まる前の、いまの時期にやっておいた方がいいことは何ですか？」

「勉強内容の質問は、いつできますか？」


彼女はその後、私の講義に体験受講をし、講義終了後にそのまま受講の申込みをしてくれた。そのため、相川さんは最初から私の印象に強く残っていた。現在は、どの学校でも『無料体験受講』制度が用意してあると思うので、それを利用することをぜひお勧めしたい。

そして、**資格学校選びにおいて一番大切にすべきことは、講師との相性**である。どんな有名な講師でも、自分との相性が悪ければ、それだけで講義に出ること自体が苦痛になることだってある。あなたは、資格学校に教えてもらうのではなく、担当講師に教えてもらうのだから。**この講師の言うことなら、最後まで信じてついていける！**　そう思える講師と出会うことができたなら、あなたの資格学校選びは大成功と言えるだろう。

本気の受験生は「輝いている」

毎年、多くの受講生を見ているが、受講生は大きく三つのタイプに分けることができると思う。

最初の一割は、なんでも自分でできてしまうタイプ。このタイプの受講生は、具体的な指導をしなくても、自分で「いまの時期、何をしなければならないか？」を明確に思考でき、実践できる能力がある。こんな受講生は、私が講師でなくても合格できると思える受講生だ。

別の一割の人たちは、どうしても続かないタイプ。本人の動機付けが曖昧な受講生に多い。このタイプは、どんなに講師がフォローしても、途中で断念してしまう。そもそも、本試験の受験にまで至らないことが多い。

そして、残りの八割。この人たちが、**「適切な指導」と「本人の努力」で合格できる受講生に変われる。**講師としても、このグレーゾーンの人をいかに合格へと導くことができるかが、腕の見せ所になる。

あなたの通う資格学校の教室の中での唯一の合格者、それが講師だ。「すべては自分しだい」と言ってみても、自分が目指すべき道の先輩の言葉の重みは、やはり大きい。私自身の経験でも、講師の何気ない一言が受験生活を通して、大きな励みになった。

あなたの合格を願っていない講師はいない。しかし、講師との良好なパートナーシップの重要性に気づいていない受講生は、残念ながら多いのだ。講師の立場から言わせてもらえれば、本気の受験生を本気で応援したい。

受講生の本気度は、教壇の前に立っていると、実によくわかる。一言で言うと、本気の受験生は輝いている。その輝きは、講義中の受講態度や質問の仕方によく現れている。そんな輝いている受講生の力になれるのは、講師としてのやりがいも感じられるし、やはり嬉しい。

毎年、新しい講座が始まった最初の講義で、必ずする話がある。

「私はこの教室で縁のあった人たち全員に合格してほしいし、みなさん一人ひとりにできるだけ平等に接していくように心がけていきます。ただ、これだけ受講生の方がいれば、熱心に何でも聞いてくる方に多くを返してしまうことになってしまいます。ですから、みなさんもどうぞ遠慮なく、何でも私に聞いてみるようにしてください」

これは、ホンネだ。チャンスを活かすも殺すも、あなたが講師とのパートナーシップの重要性の認識しだいである。良好な講師とのパートナーシップを築ければ、合格への大きな力になるばかりでなく、あなたの合格後も変えてしまうかもしれない。

講師から学ぶのは「知識」ではない！

講師は、あなたの知らない知識を教えるだけではない。よく再受験者に多いことだが、どうしても**「知っている知識」の話をしているとき思考が止まり、自分の知らない知識のみを得ようとするベテラン受講生**が出てくる。本当に残念だ。

繰り返しになるが、知識だけなら本で充分だ。

講義は、講師が「何をどのように教えるか？」も重要だが、それ以上に受講生が「何をどれだけ吸収できるか？」が、合格を左右している。その意味で、講義に緊張して臨むことは講師だけでなく、受講生にも求められているのだ。

単純に、こう考えて欲しい。講義中にあなたの前に立っている**講師と同じ『脳みそ』をつくることができれば、あなたは確実に合格する**はずだ。そして、その『脳みそ』というのは、単に知識量のことではなく、「持っている知識をどのように結び付けていくか？」という『発想』であるはずだ。つまり、受講生は講師の『発想』に最大限の意識を向け、その『発想』を自分の『脳みそ』に叩き込んでいくのだ。

こう考えると、単に「知っている」知識も、「**講師がどのように説明するのか？**」を常に考えながら、その知識を自分のものにすることができる。講義中こそ、最も効果的な学習の場であることを再確認していただきたい。

☀成績優秀者に3つの質問をぶつけてみよう

あなたが積極的に働きかける必要があるのは、何も講師に対してだけではない。同じ資格学校に通う受験生も、あなたしだいで大きな力となる。ここで意識してほしいのは、「自分から働きかける」こと。待っていてはいけない。

たとえば、あなたのクラスで優秀な成績を収めている受講生の講義の受講態度を観察し、少しでも疑問に思うことがあるならば、あなたから聞いてみるのだ。あなたの真剣な姿勢を感じたら、相手も真剣に答えてくれると思う。

質問のコツとしては、できるだけ本質的な質問をするといい。

「あなたが実力テストで結果を出している最大の要因は、何ですか?」
「勉強しているときに、一番意識していることは何ですか?」
「今後の学習プランを、どのように考えていますか?」

こうした質問は一見嫌われそうだが、意外なほど人は自分の意見を話したがる。同じ環境で勉強している仲間の考えを知れば知るほど、より自分を客観視できるようになり、軌道修正が容易になる。

比較認識法マップ③

「受験資格の有無」で比較認識してみると…

受験資格がある？

Yes！

受験資格なし
▶行政書士試験 ▶宅地建物取扱主任者試験 ▶日商簿記検定（2級） ▶司法書士試験 ▶公認会計士試験 ▶中小企業診断士試験 ▶不動産鑑定士試験

No！

受験資格あり
▶社会保険労務士試験 ▶ファイナンシャルプランナー（AFP） ▶新司法試験 ▶税理士試験

超速太朗の一言コメント

意外に、受験資格のない資格試験が多いようです。受験資格の詳細は、自分でしっかりと確認してください。

第４章

なぜ、テストで結果を出せないのか？

過去問は10回繰り返す

来年の合格目標の講座がスタートし、最初の実力テストが終わってから、坊田さんが少し赤い顔をして私の個別ガイダンスを予約してきた。理由は、私にもわかっていた。坊田さんの実力テストの結果が芳しくなかったからだ。私のクラス六〇人中、上位二〇番以内にも入れなかったのが、よほどショックだったのだろう。

坊田さんの受講態度は、実に熱心だった。最前列に座り、私の指導どおりに板書はすべてテキストに書き込んでいた。テキストにたくさん張り紙をしているのが、かなり気になっていたが……。

「先生、私はどうしてテストで点が取れないのでしょう？」

席につくなり、坊田さんはいつものグリーンのスポーツバックの中から、前回の実力テストを取り出しながらこう切り出した。

「思うような結果が出なかったですね。私も、ちょっとショックでした。まず、今回の結果を坊田さん自身は、どう考えていますか？」

今回のガイダンスは、時間も充分に確保していたので、坊田さんにじっくり考えてもらうことにした。

「先生の講義のおかげで、『自分が、これまでどれだけ理解していなかったか？』が、よくわかってきました。ですから、**理解力は断然、今年の方があると思うのに、『結果がついてこない』**んです。その理由が自分でもわからなくて、困っているんです」

坊田さんの表情からは、彼がどれだけ真剣に今回の実力テストに臨んでいたかがわかるだけに、少し胸が痛くなった。

「まず、今回の実力テストまで、『どのような勉強をしてきたか？』を教えてください」

「普通に、ちゃんとやっていましたよ。まず、講義の前に今回の範囲のテキストを一通り読むようにしていました。そして、先生の言われたとおり、講義中に板書をすべてテキストに書き込みました。それから、復習の際に、テキストを読みながら、昨年まで使っていたテキストや資料の中から、参考になるものはすべてコピーして、テキストに貼りつけました」

「過去問や問題集は、やらなかったのですか?」

「もちろん、やりました。過去問や問題集が重要なのはよくわかっています。しかも、なるべく早い時期から始めないといけないことも。昨年、本当に痛感しましたから」

「それで、今回の実力テストでは、その過去問や問題集を何回くらい繰り返しましたか?」

「すべての範囲を二回は繰り返して臨もうと思っていたのですが、一回しかできなかった箇所もあります。でも、一応すべての範囲の問題をやったのに、今回の点数しか取れないのは、暗記力が落ちている、ということでしょうか」

「いや、坊田さんが過去問や問題集を一〜二回しかやっていなかったのであれば、今回の結果は落ち込むことはない、と思いますよ。ちなみに、私のクラスの**成績優秀者は、過去問や問題集を五〜十回は繰り返しているはずですから」**

私は、落ちついてそう答えた。もちろん、本当のことだ。

「ひゃ〜、すでに過去問や問題集を五〜十回も繰り返しているなんて、相当勉強していますね。そんなことができるということは、学生のようにフルタイムで勉強できる環境の人なんでしょうね。羨ましい」

「いや、ほとんどの人が、ちゃんと仕事に就いている人たちですよ」

「えっ？　なぜ、過去問や問題集をそんなに繰り返すことができるんですか？　先生、教えてください！」

「ちょっと、待ってください。**繰り返すにもコツがある**のです。私が『**繰り返しの魔法**』**と呼んでいる方法**です。ただ、あまり一度にお話しすると、坊田さんが消化不良をおこすと思いますので、繰り返しのコツについては、後日お話させてください。きょうはその前に、もっと本質的なことを考えていただきたいので」

受験生の誰もがやっている、無理のある勉強法

私がすぐに答えないことを知り、坊田さんは少し不満そうだったが、私は構わず質問を続けた。

「ところで、坊田さんは一日に何時間くらい勉強していますか？」

「バイトもあるので、正味、平日で三時間くらいでしょうか？」

「平日で三時間もできているのであれば、この資格の受験生としては、トップクラスの時間を確保していると考えていいですよ」

「でも、本当に時間が足りません。講義の予習でテキストを読むだけで一日つぶれます。そして、次の日は講義で、その日は他に何も勉強ができない。復習として、テキストを読みながら、昨年まで使っていたテキストや資料の中から、参考になるものはすべてコピーしてテキストに貼ったりしていると、また一日は完全につぶれます。次の日は、また次の講義の予習でテキストを読みます。こうしていると、平日はほとんどつぶれてしまいますから、週末に過去問や問題集をやることにしています。すると、実力テストの範囲内の過去問に手をつけても、せいぜい一～二回しかできないんです。どうやって成績優秀の方が五～十回も繰り返してできているのか……」

坊田さんの勉強法は、私が想像していた通りだった。ちょっと質問の視点を変えて、いまの坊田さんに必要な問題意識をもってもらうことにした。

「これから、次から次へと新しい科目を勉強していきますよね。現在のような坊田さんの勉強法であれば、テキストも一～二回しか読み込めず、過去問や問題集も一～二回しか繰り返せませんね。その勉強法で、あと半年後の直前期には、いったいどれだけの知識が頭の中に残っていると思いますか？」

◎平均的な受講生の１週間の学習スケジュール◎

月	火	水	木	金	土	日
講義①	講義①のテキストを読みながら復習	講義②のテキストを読んで予習	講義②	講義②のテキストを読みながら復習	講義①と②の該当する問題演習	翌週の講義③のテキストを読んで予習

※こうした学習を続けていると、各科目が終わるまでに、テキストを１～２回、問題集を１～２回しかできない。

一瞬、坊田さんが眉間《みけん》に皺《しわ》を寄せた。

「ほとんど、何も覚えていないでしょうね。去年、経験したことですから」

「だとしたら、何を変えていかなければいけないと思いますか？」

「さあ？　だって僕のやっている勉強法は、どの資格試験のノウハウ本にも書いてある『王道』と言ってもいい勉強法ですよ」

「坊田さんがやってきた勉強法は、一般的に指導されている勉強法であることは、百も承知です。でも、それはあくまで理想論ではないですか？　私は多くの社会人の資格試験の受験生を見てきていますが、**平日で一日二時間の勉強時間を確保することも至難の業《わざ》**なのに、坊田さんのような勉強法を取っているのは無理があると思うのです」

「じゃあ、どうすればいいんでしょうか？」

☀予習はムダ、問題集を繰り返せ！

「キーワードは、以前にお話した通り、『まず、時間ありき』なのです。これを『なるほど、大事な言葉だ』と理解するのではなく、実践することなのです。毎日の勉強に使える時間には限界があるわけですから、『常に、一番大切なことからやっていく』ようにしないといけません。坊田さんは、実力テストでいい点を取るために、一番何が大切だと思いますか？」

私の目を見つめたまま、坊田さんは一呼吸おいて答えた。

「過去問や問題集をツブすことですかね？」

「そう、そうなんです！　そこなんです！」

私は、嬉しくなって、少し声を荒げた。

「でも、それは理解しているんですが、せいぜい一～二回しかやる時間がないんですよ」

「そこなんですよ！　私が言いたいのは、**『過去問や問題集を復習の一番最初にやろう！』**という提案をしたいのです。**予習も、不要**です。私は、予習の必要のない講義をしていると思いますから。テストで結果を出すために、一番大切なことは過去問や問題集を繰り返すこと、そこに時間を集中することなのです」

「でも、そんなことをしたら、理解が浅くなりませんか？」

「これも、以前にお話をしたことがあると思いますが、**マークシート方式のテストで要求されている理解力というのは、『問題文の書いてあることがわかる程度』でいい**のです。たとえ予習をしなかったとしても講義を聴いて一応の知識や理解をしていますから、その後にすぐ、該当範囲の過去問や問題集をやれば、無理はないですよ。逆に、講義ではよくわからなかったことも、問題をやって初めて意味が理解できることも多々あると思います」

腕を組んだまま、坊田さんは「う～ん」と唸った。

「おそらく、いま私がお話していることをしっかりと自分の考えとするためには、過去問や問題集に対する坊田さんの考えを変えていかなくてはいけないですね」

「過去問や問題集に対する考え方？」

坊田さんの目が、大きく見開いた。

☀ 過去問や問題集は、最良のインプット教材

「坊田さんは、過去問や問題集は何のために使用していますか？」

何をいまさら、というような顔をしながらも、坊田さんはしぶしぶ答えた。

「問題演習は、これまで覚えたことを理解しているかどうかを確認するためです。そして、理解できていない箇所を見つけて、知識の穴をツブすためでしょう」

「そうですね……。多くの受験生が、いまの坊田さんと同じ答えを言うでしょうね。でも、相川さんに同じことを聞いたら、きっと違うことを言うと思いますよ」

「えっ、相川さんなら、何て答えるんですか？　先生！」

「相川さんなら、おそらく『**講義で学んだ知識が、どのように試験では問われるかを知るため**』と答えるでしょうね」

「あまり、違いがわからないのですが……」

「坊田さんと相川さんの過去問や問題集に対する考え方は、正反対と言っていいでしょう。坊田さんは『理解を試すため』に過去問や問題集を使います。これに対して相川さんは、『どのように試験で問われるかを知るために』過去問や問題集を使うのです。坊田さんの考え方だと、ある程度理解してから、過去問や問題集をやることになります

ね。つまり、講義に参加したら、自分でテキストをしっかり読んで復習してから、過去問や問題集に手をつけ始めることになります。逆に、相川さんの考え方だと、復習の一番最初に過去問や問題集ができる考え方になりますね」

「でも、自分でテキストも読まないで、過去問や問題集をいきなりやると、それこそ理解が深まらないと思うのですが。違いますか？」

どうやら、坊田さんはまた従来の思考パターンに陥っているようだった。

「私は、無目的にテキストを読み続けるほど、『理解が深まらない勉強法はない』、と考えているのですよ」

私は、坊田さんが現在使っているテキストと問題集を一冊ずつ机の上に出してもらった。テキストを左側、問題集を右側に並べて置いてから、話を続けた。

「坊田さんの考え方で言うと、まず左側のテキストをしっかり読み込んで『理解を深めてから』、右側の問題集を『理解の穴をツブす』ためにやりますね」

私は、それぞれボールペンで指しながら説明を続けた。

「坊田さんに質問しますが、仮に問題集の問題をすべて正解できたとしたら、この左側のテキストの内容もすべてマスターした、ということになりますか？」

それまで、頷いて聞いていた坊田さんの動きが止まった。

◎問題集の位置づけが違う！◎

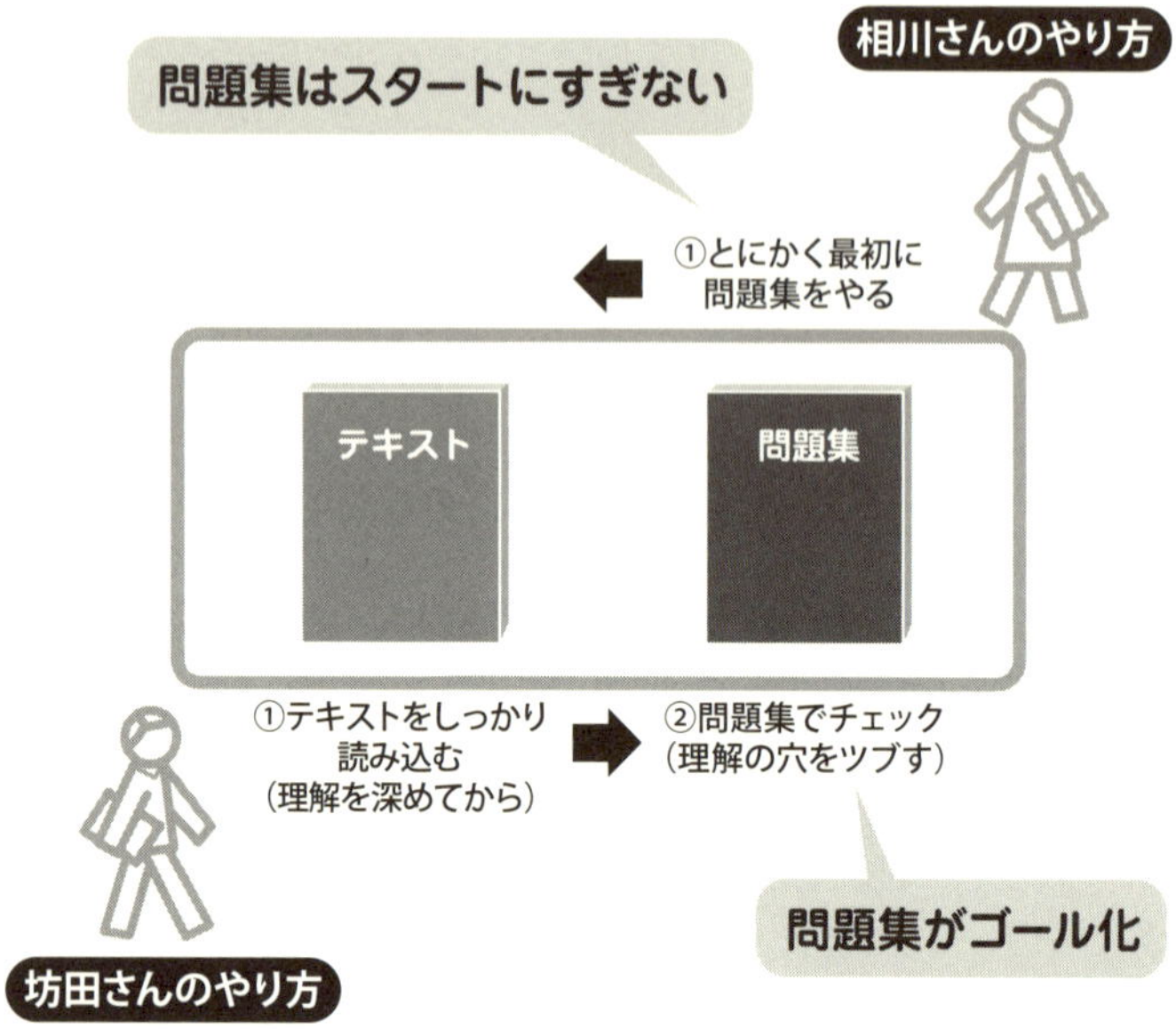
相川さんのやり方
問題集はスタートにすぎない
①とにかく最初に
問題集をやる
テキスト
問題集
①テキストをしっかり
読み込む
（理解を深めてから）
②問題集でチェック
（理解の穴をツブす）
問題集がゴール化
坊田さんのやり方

「それは違いますね。問題集を全問正解できたとしても、テキストの内容を全部マスターした、ということにはなりませんね」

「そうですよね。そうなんです。たまたま問題集で出ている箇所を覚えていただけかもしれません。何が言いたいかというと、**『過去問や問題集をツブすことを勉強のゴールにしてはいけない』**ということなんです。

仮に、過去問や問題集の知識だけで合格できる試験があるなら、問題集だけをやればいいでしょう。しかし、そんなに甘い資格試験はありません。最終的には、テキストをできるだけ満遍《まんべん》なく押さえておく必要があるのです。その**『満遍なくテキストを押さえていく』ファーストステップが、過去問や問題集で出題されている箇所と**考えればいいのです」

「なるほど！　先生、だんだんわかってきましたよ。過去問や問題集はアウトプットの教材ではなくて、インプットの教材だったんですね」

私が言おうとした言葉を、坊田さんが言ってくれたので、嬉しくなって微笑んだ。

「インプットのコツは、『いかにアウトプットを意識したインプットに徹することができるか？』ということになると思います。その意味で、**まず講義で学んだ知識が、過去問や問題集で『どのように問われているか？』を知ること**が、正にファーストステップということになりますね」

まず、テキストを耕せ

「先生、本当にありがとうございました。目からウロコが落ちた気分です。いままで『何がいけなかったのか？』が、ようやくわかったような気がします。さっそく、復習として、問題集からやってみたいと思います」

こう言って、坊田さんはテキストや問題集をグリーンのスポーツバックにしまい始めた。

「ちょっと、待ってください。せっかく、ここまで気づいたんですから、もう少しだけ、突っ込んだ話をしておきましょう。まず、これまでの話から、坊田さんは今後、どのように勉強法を軌道修正していこうと考えていますか？」

「**復習においては、まず問題集からやること**です。テキストを読んだりしていたら、その分、時間が足りなくなって、問題集を五〜十回と繰り返し解く時間がなくなりますから」

「そうですね。その点はしっかりと理解していただいたようです。けれども、それだけでは一番大切なことがまだ抜けているんですよ」

「一番大切なこと？」

またまた、坊田さんが目を丸くした。私は話を続けた。

「インプットにおいて、**一番大切なことは『テキストを耕す』こと**です。『テキストを耕す』という言葉は、私が名づけた呼び方ですから、初めて聞いたと思います。でも、この呼び方は、この作業のイメージにピッタリなんですよ」

レポート用紙に大きく、「テキストを耕す」と坊田さんが書いた。

「先生、この『テキストを耕す』とはどういうことか、詳しく教えてください」

「まず、これまでの坊田さんのように『理解する』ことを重視して、最初にテキストを読み込んでいこうと考える人は、最後に問題集を解いて正解すれば、それで満足する人が多いと思います。そして、また新しい単元に進んでいく……。そうですよね？」

「そうです。といっても、間違えた問題は『なぜ、間違えたか？』を一度テキストに戻り、納得できたら、先に進んでいます。その方法と、テキストを耕す方法とは違うのですか？」

「つまり、この繰り返しですね」

私はこう言って、坊田さんのレポート用紙を借りて、図を書いてから説明を続けた。

「試験勉強というのは、この繰り返しであることに間違いありません。しかし、この図で大切なことは、『インプット↓アウトプット』の矢印の箇所ではなくて、

◎「テキストを耕す」ことが重要◎

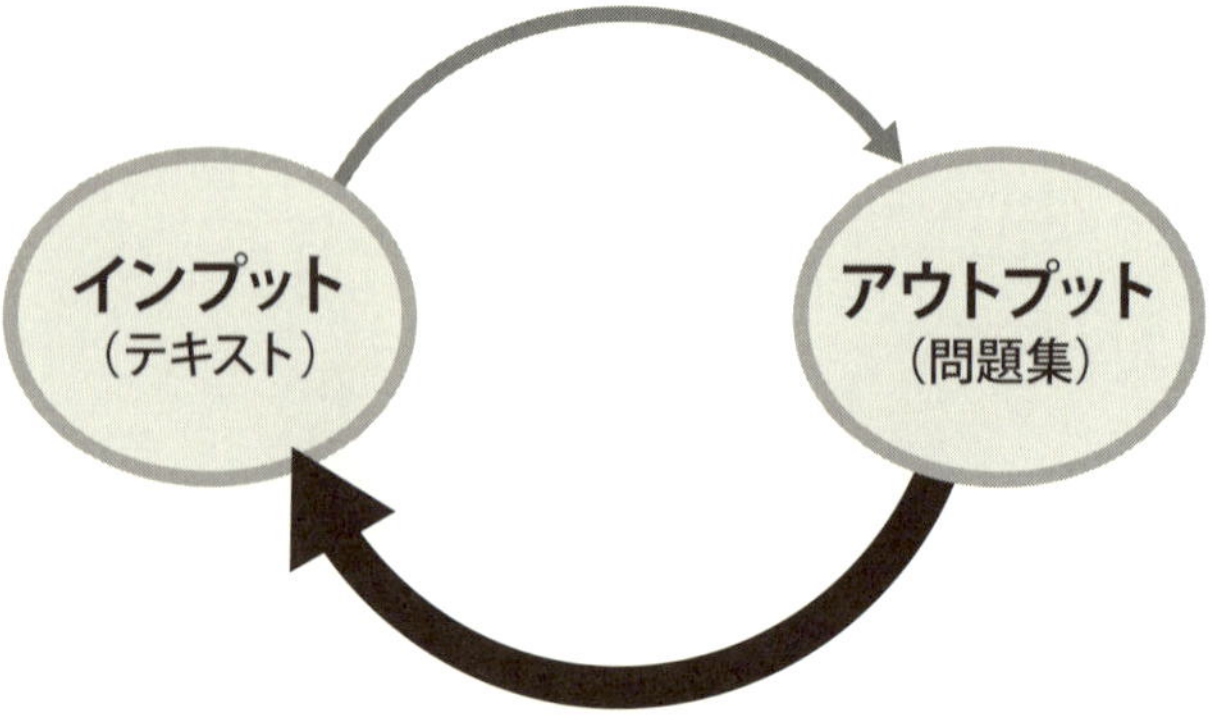

大事なのは、
アウトプットから
インプットへの矢印

『アウトプット↓インプット』の矢印の箇所なのです。これが意識できていない人が、実に多いのです」

「具体的には、どういうことなんですか？」

「問題集で問われている知識を**『テキストのどこに、どのように書かれてあったか？』を確認**し、テキストの知識を問題で問われる形にテキストに書き込んでリンクさせる作業です」

「その作業が、先生の言われる『テキストを耕す』、ということなのですね」

「そうです。新品のテキストは言わば、更地《さらち》のようなものです。きれいに見えますが、更地のままだと、なかなか草花は育ちませんね。しっかりと土を掘り起こし、耕しておいてやる必要があるのです。しっかりと耕されたテキストに、『問題に問われる形で理解した知識』というタネを植えて、初めて『合格』という大輪の花を咲かせることができるのです。問題は、『どのように、テキストを耕すか？』ということになります。もちろん、これにも、とっておきのコツがあります」

「なんですか、先生。早く教えてください！」

「まあまあ、あまり先を急がないでください。今日は、本当に重要な考え方のお話をさせていただいたので、まず今日お話したことをご自身でしっかり考えてもらいたいのです。そして、『テキストを耕す』ことを具体的に挑戦してみてください。実践されてからの方が、テキストの耕し方についても、理解しやすくなると思いますので」

少し坊田さんは不満そうだったが、一度に多くの話をしたら、受験生は消化不良をおこすことを経験則上知っている。ここは敢えて、別の日に話をした方がいいと判断した。

比較認識法マップ④

「合格率」で比較認識してみると…

平均合格率は10%以内？

Yes！

10%以内
▶社会保険労務士試験 ▶行政書士試験 ▶中小企業診断士試験 ▶司法書士試験 ▶公認会計士試験 ▶不動産鑑定士試験

No！

10%を超える
▶宅地建物取扱主任者試験 ▶日商簿記検定（2級） ▶ファイナンシャルプランナー（AFP） ▶税理士試験（1科目） ▶新司法試験

超速太朗の一言コメント

複数の試験がある資格試験は、最終合格率を考えています。ただ、新司法試験は受験資格の法科大学院入学等が必要なので別格です。

戦略編

▼「最初の一歩」があなたの合否を決める！

第5章

答練や模試の位置づけは、明確か？

合格するには、「戦略」を持て！

資格試験の勉強を始める人に対し、私がガイダンスをする際、必ず最初に話をしておくことがある。それは、「合格者は、大きく三つのパターンに分けられる」という話だ。

国家資格の中でも難関と言われる資格を受験する人の多くが、資格学校が提供している教材や講義を使って、合格を目指す。大手と言われる資格学校であれば、その提供される受験情報には、それほど差異はない。それなのに、合格者と不合格者を最終的に分けているのは何か。合格者は、単純に考えて以下の三つの理由のうちのどれか、あるいはすべてに該当している。

一つ目は、単純に頭がいいこと。これは、現実問題として否定し難い。私のクラスでも、毎年百人のうち一人くらいの割合で、このような羨《うらや》ましい人がいる。このような人は、テキストを一度目を通すと、本当に頭に残ってしまうらしい。ただ、こういう人は、自分では「自分は頭がいい」とはあまり言わないので、見分けるのが大変だ。

二つ目は、勉強時間が圧倒的に多いこと。仕事を辞めたり、その他の事情でフルタイムで勉強できる環境にあった人だ。もちろん、フルタイムで勉強できることがすべて受験に有利に働くわけではないことも、私は司法試験の受験の際の自分の体験を通してよく理解している。精神的なプレッシャーは、並ではない。それでも、時間のない人よりは、合格に有利なのは否定し難い。

三つ目は、戦略的に優れていること。しっかりとした考えを持って、本試験までの準備が確実にできた人だ。フツーの頭の人で、働いているため勉強時間を充分に取れない人が是が非でも合格したいなら、戦略的に優れていないと勝てないだろう。受験生のうち、合格者と不合格者の数は、圧倒的に不合格者の方が多いのだから、**平均的な受験生と同じ考えや行動をとっていたのでは、あなたの合格の順番はなかなかやってこない。**

この三点以外に、「運がいい」という言葉を思い浮かべた人もいるかもしれないが、どの難関な国家資格でも、「不運で不合格になる人」はたくさんいるが、「運だけで合格する人」はいないと考えたほうがよい。

私が、最初にこの話をするのは、勉強の開始前にしっかりと戦略の大切さを意識してほしいからだ。ただ、最近はこの「戦略」という言葉が安易に多用され、その意味も不明確になりつつあることは危惧している。

合格体験記の賢い読み方

資格試験の戦略を考えていく上で、受験生が一番頼りにするのは「合格体験記」ではないだろうか。

私が受験する際にも、できるだけたくさんの合格体験記を読んで戦略を練った。ただ、合格体験記に書かれているすべてのことを、そのまま受け取らず、できるだけ参考になる考え方を集めていくことを意識していた。

それは、一般的に、合格体験記は二極化される傾向にあるからだ。これからお話しする話は、何もすべての合格体験記に当てはまることではないが、受験生の立場から考えて、このことを知っておくことはマイナスにはならない。

まずは、勉強時間や学習期間を事実より縮小して、「自分がいかに楽に合格したか？」をアピールしている合格体験記だ。よく「私は○ヶ月で△△資格に合格しました！」という合格者のお勧めしている勉強法には、注意しておいた方がいい。このタイプの人は、圧倒的に時間があった人が多いからだ。働きながら勉強している人が、そんな勉強法をマネしてもうまくいくはずがない。

逆に、「自分がいかに苦労したか？」「この試験がいかに難しいか？」をアピールしている合格体験記もある。誰にでも、自己を正当化する傾向があるし、別に短期間で合格した人の合格体験記だけが参考になるわけでもない。ただ、そうした人が書く試験の実態が真実であるとも言い切れない。

ただ、私がこんな話をするのも、別に合格体験記を否定しているからではない。逆に、合格者には、ぜひドンドン合格体験記を書いてほしい。しかも、あまり読者のことを考えて萎縮するより、自由にのびのび書いてもらっていいと思う。合格体験記は、自分の中の真実なのだから、そこに「いい悪い」や「優劣」は存在しない。

しっかりとした心構えを持って、合格体験記を読んでいかなくてはいけない責務があるのは、読む受験生側にある。合格体験記が二極化する傾向にあるからといって、受験生が評論家のような立場で、合格体験記を批評するのは間違っている。

すべての合格体験記に、自分の進むべき道の先輩が書いたものであることへの敬意を感じてほしい。そして、どんな合格体験記にも自分が手本とすべき素晴らしい考え方や発想があるはずだ。それらを見つけ出し、自分のものとして『戦略』に役立てよう。

「一科目突破主義」が「短期合格」へ導く

坊田さんが「これが今年の学習プランです」と自信満々にガイダンスを受けに来たのは、前回の個別ガイダンスからちょうど一週間が経ったときのことだった。

そのスケジュールは、横軸に本試験までの月が書いてある。まず一番上に私の資格学校の講義プランが書いてあり、その下には坊田さんが独自に勉強する科目が書いてあった。直前期には、細かく一日三科目を勉強するようなスケジュールが組んであった。

「かなり細かくスケジュールを作成されましたね。いろいろと質問したいことがあるのですが、いいですか？　まずは、教室の講義で学ぶ科目と自分で勉強する科目が違いますが、これはどういう理由からですか？」

「一科目ずつやっていたら、他の科目をドンドン忘れてしまうので、講義で学ぶ科目と

◎坊田さんの年間学習計画の概要◎

	基礎期								直前期	
講義スケジュール	労基	労災	雇用	徴安	健保	国年	厚年	一般	答練と模試が中心	本試験
自己学習			労基	労災	雇用	徴安	健保	国年	厚年　一般	

※並行学習計画では、結局各科目の完成時期が後にズレる結果となってしまうので、直前期にさらに負担が増える。

自分で勉強する科目を別々に並行して勉強しようと思っています」

「そういう勉強法も、巷《ちまた》ではよく言われていることですよね。しかし、現実問題として、そうした勉強法が果たして効果的かどうかは、私は大いに疑問を持っています」

「どういうことですか？」

「単純です。坊田さんが一日に勉強に使える力を一〇〇％とします。たとえば、講義で学んでいる科目の復習に五〇％の時間を使い、残りの五〇％の時間を他の科目を勉強するとします。そうすると、講義で一科目終わると、その科目についての勉強時間は、本来の五〇％しか使っていないことになりますよね」

「その科目の残りの五〇％は、また別の時

◎合格レベルを１科目でよいから早く突破せよ◎

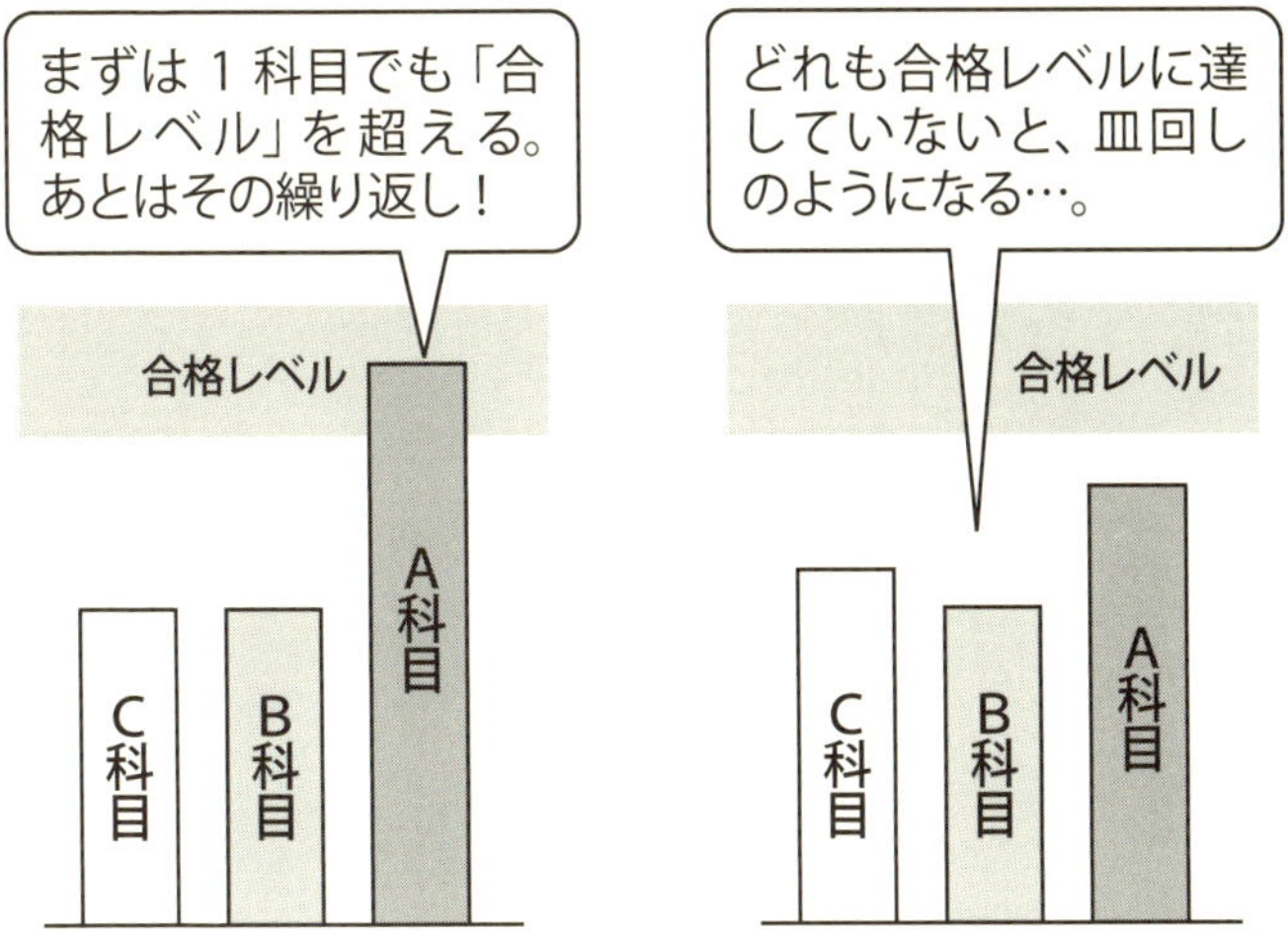

期に勉強しますから大丈夫のはずです」

「それって、ただ単に各科目を学び終える時期を遅らせてしまうだけなんじゃないですか？」

またまた、目をパチパチし始めた。

「それだけじゃないんですよ。講義で学んでいる科目がその時には、一番理解が深まるはずです。そのチャンスに、その科目に集中しないで他の科目を勉強するのは、どう考えても効率が悪いと思います。早く合格したいのなら、まず、**一科目でも合格レベルに到達すること**です。一科目でもその合格レベルの感覚を知ったら、他の科目はその繰り返しですから、さほど難しくはありません」

「そう言われてみれば、そうかもしれません。講義で学んでいる科目以外の科目を復習しようとしたら、すごく時間がかかる割には、頭に残りませんから」

「戦争でも、ビジネスでも、あらゆる分野の戦略書が、『一点突破主義』の大切さを説いています。フルタイムで勉強できる受験生など、一部の人を除いてはいません。限られた勉強時間だからこそ、講義で学ぶ科目に集中して一科目ずつ合格レベルにあげていく意識が大切だと思いますよ」

「あ〜、それではこのスケジュールは全部ダメですね。先生、もう一度作り直します。本試験までの長期的な学習スケジュールを作成するためには、どんなことを意識したらいいのですか？」

やっと、坊田さんは戦略的な学習スケジュール作成のスタート地点に立てた。

☀合否は、本試験日当日には既に決まっている？

「まず、坊田さんが考えていた戦略的な学習スケジュールのイメージを教えてください」

「本試験日から、逆算して考えることですかね」

予想したとおりの答が坊田さんから返ってきた。

「他には、ありますか？」

「他にですか……」

暫《しばら》く腕を組んで考えていたが、坊田さんには次の言葉は見つからなかった。

「本試験日から、逆算して学習スケジュールを作成していくことは一般的な勉強法として言われていることですね。私も、もちろんこれに反論をするつもりはありませんが、それだけでは『戦略』とは言えないと考えています」

「どういうことですか？」

そう言いながら、坊田さんはレポート用紙に大きく「戦略とは？」と書いた。

「私は、本試験当日には既に合否が決まっている、と思っています。逆に言えば、本試験当日だけ合格レベルを超えることを願うのは、無理があると思っています」

「先生、もっと具体的に説明してもらえませんか？」

「私は、毎年本試験日当日の朝、試験会場で受験生を見送っています。そこでいつも思うのは、多くの受験生は『合否を既に自分で決めている』ということです。どんなに『最後まであきらめません』と言ってみても、やはり自分のことは自分が一番よく知っているのですね。『絶対に、合格する』という顔の人もいれば、『今年は、少し無理だな』と考えている人もいます。ですから、坊田さんが言うような、本試験当日に合格レベルを超えるように考えて、学習スケジュールを立てるのは、『戦略』になっていないと思うんです」

「では、先生は戦略的学習スケジュールについて、どのようにお考えですか？」

「本試験当日には、すでに結果が決まっているとしたなら、『結果を決めるポイント』にターゲットを絞らなければなりません。それが戦略です。戦争で言えば、戦略上の拠点をいかに攻めるかが勝敗の分かれ目になりますね。資格試験の受験において、戦略上のポイントとなるのはズバリ何ですか？」

スケジュールの役割分担

「ちょっと、意味がよく分からないのですが……」

「では、ちょっと視点を変えますね。坊田さんは、答練や模試は何のために受けますか？」

「それは、当然、自分の実力を試すためです。そして、自分の弱点を知り、補うために答練や模試はあると思うんですが」

「そうですね。十人の受験生がいれば、そのうち九人が坊田さんと同じ答えを言うと思います。しかし、私はその考えでは甘いと思うのです」

「では、何のために答練や模試を受けるんですか？」

「実は、同じことを昨年、相川さんにもお話したんです。そして、相川さんの答えは、実は私の考えと同じだったんですよ」

「それは何なのですか、先生！」

ボールペンをもっている坊田さんの手が、少し苛立《いらだ》っている。

「**答練や模試は、『本試験で合格できる！』という自信をつけるためにある**のです。それ以外に、答練や模試を受ける目的はありません。**結果を出すことが最優先**なのです。穴をツブすという目的で受けていてはいけません！」

今度は目を丸くするだけでなく、口も少し開いていた。私は、そのまま続けた。

「ですから、戦略的な学習スケジュールの作成においては、いかに答練や模試が開始される時期までに結果を出せる実力をつけておくか、それに主眼が置かれます。これが私の考える『結果を決めるポイント』です」

「そんなことが可能ですか？」

◎学習の重点をスケジュールで分ける◎

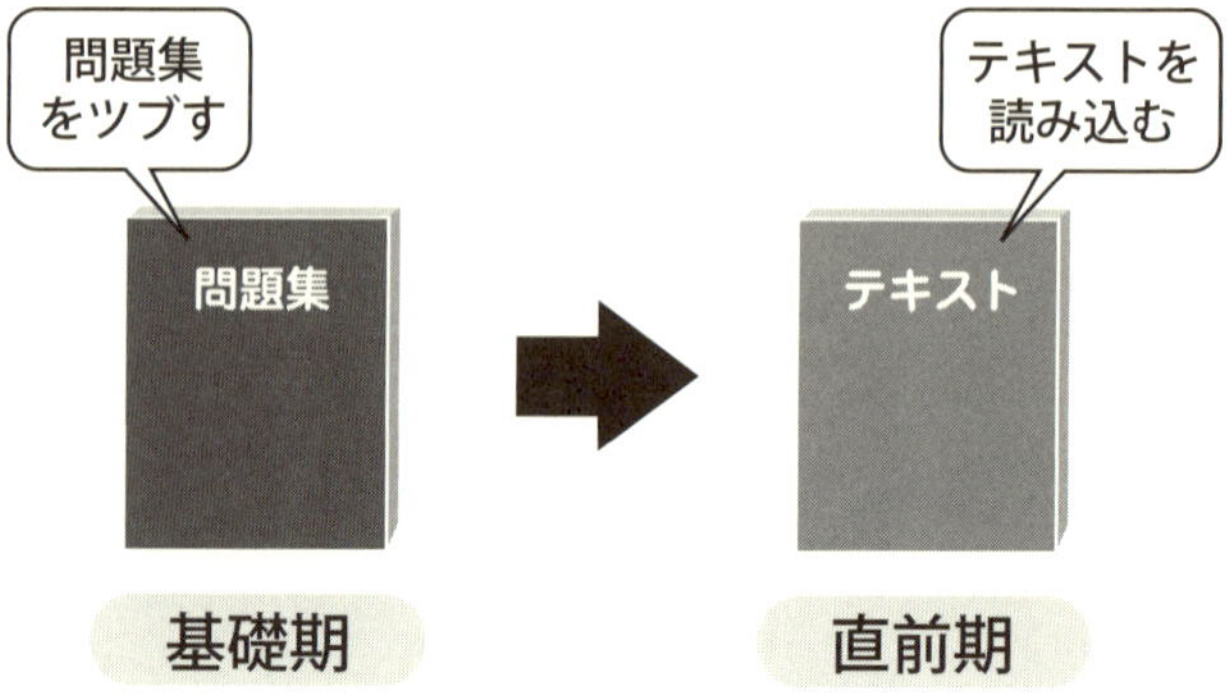

レポート用紙に「自信をつける」「結果を出す」と大きな字で書きながら、坊田さんは言った。

「答練や模試で結果を出す。そのためには『どうしたら、それが可能となるか?』を考えることが『戦略的な思考』というものです」

「……そう、ですよね」

一応、相槌《あいづち》を打った坊田さんだが、それ以上の思考は働いていない様子だった。私は、坊田さんにしっかり自分で考えてもらうために、まずキーワードから言ってみた。

「戦略的な学習スケジュールのキーワードは、ズバリ『スケジュールの役割分担』を明確にすることですね」

「スケジュールの分担？」

意味をまだ呑み込めていないようだったので、さらに続けてみた。

「複数の科目を並行して勉強していくというやり方は、この『スケジュールの役割分担』の意識がまだ乏しいからだと考えています。もちろん、基礎期においては、テキストの予習復習を中心に、直前期には問題演習を中心にという、ありきたりな発想とも違います」

「では、どういうことなのですか？　具体的に説明してください」

「その答えを探していく前に、まだ坊田さんに理解していただかないことがあります。それを次に話をさせてください」

ボトムアップ勉強法から、トップダウン勉強法へ

坊田さんが真剣な目をして、私が次に話すことを待っている。これから話すことは、私は正直、気が引ける。でも、このことをストレートに伝えないと、坊田さんはこのまま変われないかもしれない。私は、勇気を持って、ゆっくりと話し始めた。

「実は、これは坊田さんと最初に会ったときから、気になっていたことなんですが。坊

田さんは、私の受験者タイプ分析によると、どうも『欲張り型』なんです」

「『欲張り型』、ですか？」

ちょっと苦笑いを浮かべ、坊田さんが聞いている。

「坊田さんの『絶対に合格したい』という思いは、見ていて痛いほど感じます。しかし、その気持ちが、逆に坊田さんの合格を遠ざけている要因であったとも思うのです」

「あ～、正直、そんなことを感じることがあります」

「坊田さんは素直な人ですから、いままで人に『いい方法だよ』と言われたことは、何でもとにかく実践してみようと思いませんでしたか？」

「それはありますね。とりあえずやってみないと、自分にいい方法かどうか、わかりませんから。どうしても、今度は確実に合格したいですからね」

「その『確実に！』という思考がちょっとやっかいなんです」

「えっ、確実に合格したいという思いがいけないんですか？」

目が、また丸くなった。

「坊田さんの場合、『確実に』合格したいという思いが、情報をたくさん集める方向に動いているのです。『確実に』合格しようと思って、具体的な勉強でも知識を集める方向に働いているのです。坊田さん、ちょっとテキストを一冊出してもらえますか？」

私に言われて取り出したテキストは、なんと新品のテキストの倍以上も膨れ上がっていた。他のテキストや受験雑誌の切抜きなどのコピーが、テキストに大量に貼り付けてあったからだ。

「私は、別にテキストへの書き込みや貼り付けが悪いとは思っていません。しかし、このテキストを見ただけでも、坊田さんがボトムアップの勉強法をしようとしていることは感じられます。**短期間で合格しようと考えたら、ボトムアップの勉強法ではなくて、トップダウンの勉強法へシフト**させてやらなければいけません」

「先生、そのボトムアップ勉強法、トップダウン勉強法って、どんなものなんですか？」

坊田さんが聞いてきた。

☀三角形の頂点から固めていく勉強法

私は、坊田さんにレポート用紙とボールペンを借りて、大きな三角形を書いた。

「この三角形の頂点から、本試験で問われやすい知識順に並べていきましょう」

私はそう言って、この三角形を横に四等分した。

「一段目は、過去問や問題集で問われているポイントになる知識だとします。坊田さん、二段目は何だと思いますか？」

「先生が講義で板書したり、説明したポイントでしょうか？」

「その通りです。では、三段目は？」

「講義では学んでいないけれどテキストに載っている知識でしょう」

「そうですね。そして、最後の四段目は、テキストにも載っていない、ごく稀《まれ》にしか出ない知識」

「あ、わかった。僕の勉強はこの三角形の底の方の『ごく稀にしか出ない知識』から固めようとしているってことですね」

「そうなんです。誰でも、この三角形は理解できるはずです。しかし、『**確実に合格したい』と思う気持ちが強いばかりに、三角形の底の部分からやろうという意識が働いてしまう**のです。この勉強傾向を私は『ボトムアップ勉強法』と呼んでいます」

「ということは、逆に『トップダウン勉強法』をせよ、ということですね。三角形の頂点から勉強していくやり方ですね」

私は、坊田さんの素直さに感謝した。

「まずは、**小さくてもいいから一番重要な頂点の三角形を固めておいてから、**

◎短期間合格のためのトップダウン勉強法◎

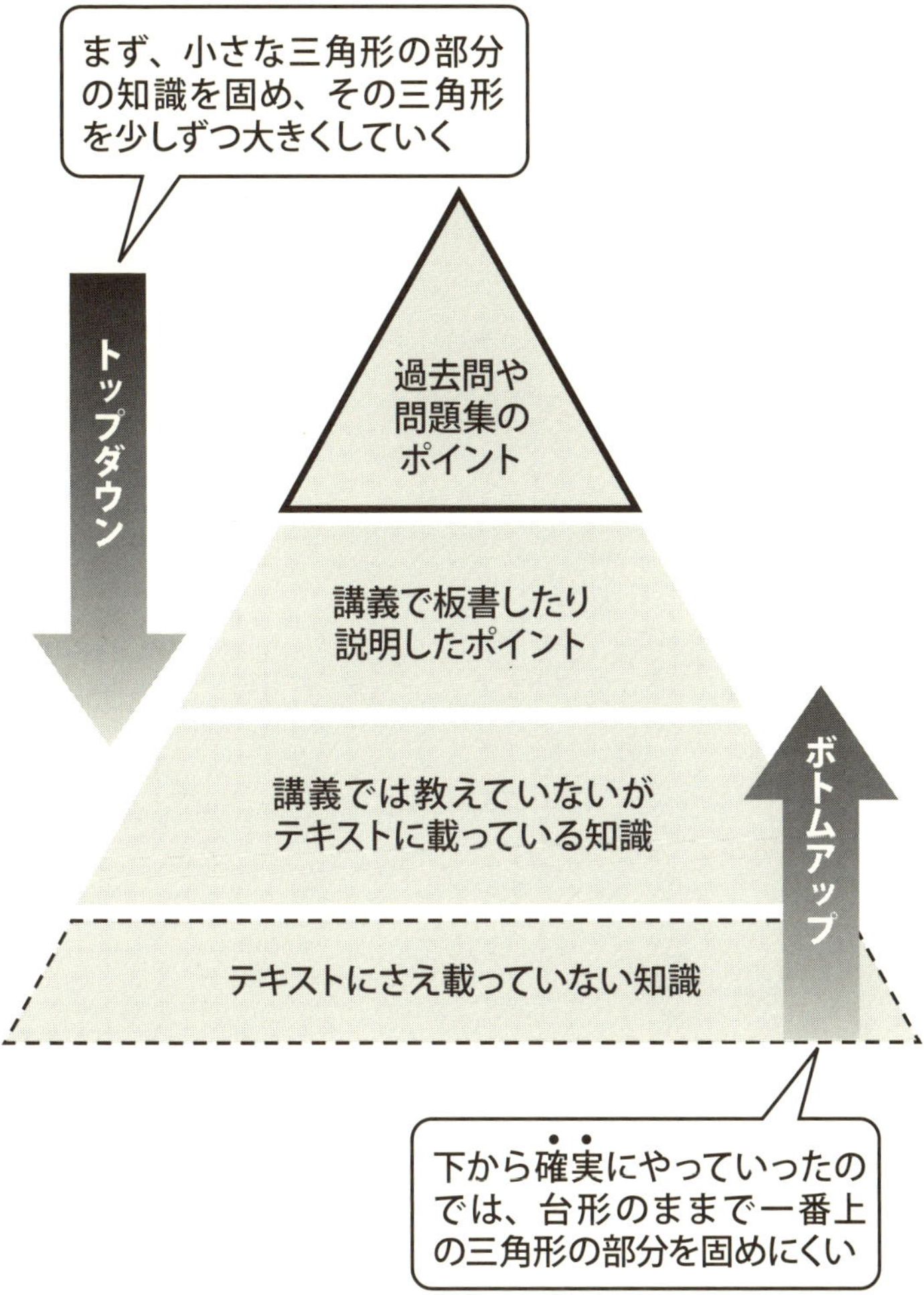
まず、小さな三角形の部分の知識を固め、その三角形を少しずつ大きくしていく
トップダウン
過去問や問題集のポイント
講義で板書したり説明したポイント
講義では教えていないがテキストに載っている知識
テキストにさえ載っていない知識
ボトムアップ
下から確実にやっていったのでは、台形のままで一番上の三角形の部分を固めにくい

徐々にその三角形の裾野を伸ばしていくのが『トップダウン勉強法』です。これに対して、『ボトムアップ勉強法』だとなかなか三角形の頂点までのぼれず、せいぜい台形のような形で本試験に臨んでしまうパターンが多くなってしまうんです」

「なるほど！　先生、よくわかりました」

「このことを理解していただくと、先ほどの『スケジュールの役割分担』の発想もしやすくなるでしょう。ここは、ぜひ一度自分自身でじっくり考えてみてください」

私は、坊田さんと今後、具体的な勉強法を実行する前に、必ず私に相談してくれるように約束した。坊田さん本人は（そして多くの本書の読者も）おそらく、「これでわかった！」というつもりになっているのだが、実は、坊田さんにはまだ話をしなければならないことがたくさんあることを私は知っている。

しかし、坊田さんなら、これからもうまく軌道修正に応じてもらい、合格というゴールに確実に到達できるだろうと確信している。

比較認識法マップ⑤

「独占業務の有無」で比較認識してみると…

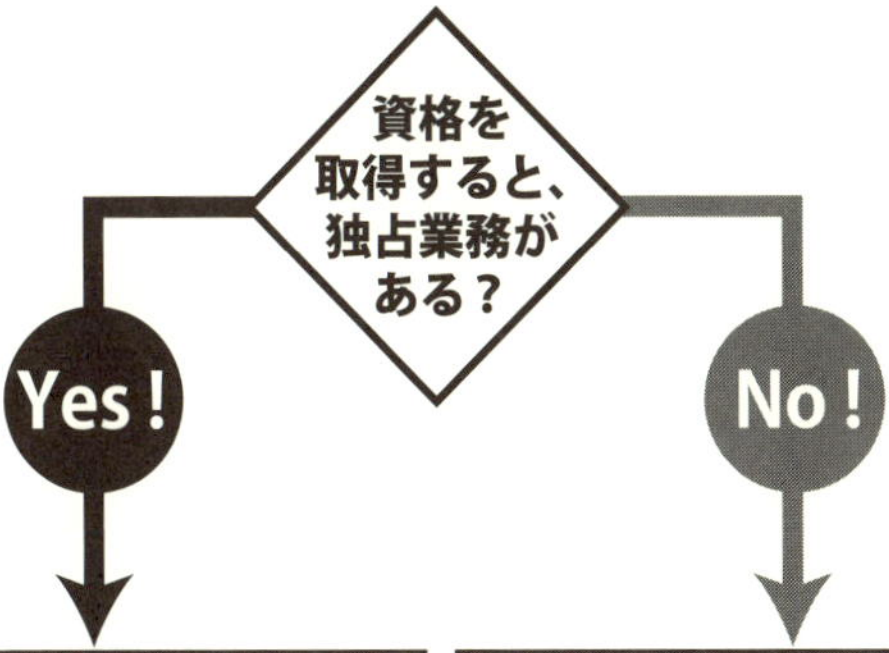
資格を
取得すると、
独占業務が
ある？
Yes！
No！

独占業務あり

- ▶社会保険労務士試験
- ▶行政書士試験
- ▶司法書士試験
- ▶公認会計士試験
- ▶不動産鑑定士試験
- ▶宅地建物取扱主任者試験
- ▶税理士試験
- ▶新司法試験

独占業務なし

- ▶中小企業診断士試験
- ▶日商簿記検定（2級）
- ▶ファイナンシャルプランナー（AFP）

超速太朗の一言コメント

独占業務とは、その資格を持っていないと報酬をもらって仕事ができない業務があるといった観点で整理しました。

戦術編

「結果を出す」ための超速勉強術

第1章

合格するための勉強法を考える

情報を選別せよ

本気で短期合格を果たしたいなら、勉強法の評論家になってはならない。効果的な勉強法をたくさん知っていることと、あなたの合格率は必ずしも比例しない。いや、現実には反比例しているのではないか、とさえ思う。

あなたに必要なことは、『戦略編』の内容を繰り返し読んで、しっかりと理解することだ。この短期合格者のものの見方・考え方がしっかりと『自分のもの』にできれば、具体的な勉強法、つまり『戦術』は自分で考えて選択できるようになる（具体的にはこの本編で述べる）。

良い情報を求めて彷徨《さまよ》うのは、もうやめよう。あなたの考えを磨けば、あなたに本当に必要な情報も自然に見えてくる。答えは、すべてあなたの中にあるのだから。

まず、受験生が最初に覚えるべきこと

将棋をするなら、まず駒の動かし方を覚えなければならない。将棋に強くなるために勉強している人が、駒の動かし方をまだ覚えていないと強くなれるはずはない。しかし、資格試験の受験生の中で、**自分が受験する資格試験の合格基準や科目ごとの配点を詳しく知らない受験生が多くいる**ことは、驚きである。

もちろん、資格学校がそこまで手取り足取り、しっかり指導しなければいけないのかもしれないが、この当たり前のファーストステップが意外に見過ごされているような気がしている。だから、私も最初の講義の時に、ハッキリと受講生に伝えるようにしている。

「まず、みなさんが覚えるべきことは、この試験の『合格基準』と『各科目の配点』です。これらをしっかりと頭に叩き込んでおいてください。夜中に叩き起こされてそれらを問われても、正確に答えられるくらいにしておいてくださいね（笑）」

これからの勉強や講義の際に、『**今日の勉強で、この科目の何点分の勉強をするぞ**』と意識を磨いている人とそうでない人とでは、知識の吸収力に雲泥《うんでい》の差があるからだ。

☀優先順位を忘れない

ある日、夜の講義が終わった後、坊田さんが少し暗い顔をして近づいてきた。

「先生、最近、時間が足らなくて、計画が遅れ気味なんですよ。どうしたら、いいですかね？」

「どうしたんです、坊田さん？　最近、元気が無さそうなので心配していましたよ」

確かに、前回のガイダンスが終わったときには、晴れ晴れとした顔をしていた坊田さんだったが、次に会ったときにはどこか以前より暗い顔になったように感じて、少し心配していた。

「実は、もう一つ、新しいバイトも始めたんです。これが結構大変で、最近の睡眠時間が毎日四時間くらいしか取れていないんですよ。前回のガイダンスから計画の練り直しが必要なことは理解しているんですが、それもまだできていません」

「そうだったんですか。それは、かなり驚きですね。新しいバイトは、どうしてもやらないといけなかったのですか？」

「いや、そういうワケでもないんですが、この歳でいつまでもフラフラできませんから。それで、講義のない夜にバイトを入れたんです」

「えっ？　坊田さんのいまの仕事は『勉強』じゃないんですか！　それなのにバイトが大変で、本業の勉強ができないなんて、本末転倒じゃないですか？」

私は、坊田さんの発言があまりに残念だったので、少し語気を荒げた。

「それはそうですが……。ずっと勉強ばかりしているわけにもいきませんので」

「優先順位の問題ですよ。坊田さんが自分の中の優先順位において、『この試験に合格する』ということは、どのくらいの位置づけなのですか？」

「そりゃあ、最優先課題であることには、間違いありません」

「それなら、すべての行動基準を『来年、合格すること』を最優先に考えていきましょうよ」

彼の目を見つめる私の視線から、坊田さんは視線を落とした。

「は、はい。でも、現実問題として始めたばかりのバイトは、すぐには辞められないですから。それに、いまのうちに、お金を貯めておきたいんです」

この言葉を聞いて、我に返った。少し私も感情的になってしまったようだ。私の悪い癖だ。坊田さんにも、生活がある。これからは、「限られた時間をいかに有効に使うか？」が坊田さんと私が考えなければならないテーマとなる。

☀『いいわけ』がいけない理由

「ごめんなさい。ちょっと私が言い過ぎたようです。では、これからは『時間がない』とは考えず、『ある時間の中で何ができるか？』を一緒に考えていきましょうね」

「それはわかっているんですけど、なかなか現実には行動できていないです。行動できていない自分のことを考えると、ますます何もできなくなってしまうんです。頭では理解していても、行動できないときだってあるんです。それが人間です」

珍しく、坊田さんが自分の気持ちをぶつけてきた。これがホンネだと思う。しかし、そのホンネの中に「～できない」という言葉が四つもあった。そのことを、坊田さん自身は気づいているだろうか。ふと不安になった。

「坊田さん、いまの発言は『いいわけ』になっていることに、気づいてますか？」

「えっ、『いいわけ』ではないと思うんですが？　私は、『いいわけ』は嫌いですから」

「では、坊田さんが考える『いいわけ』というのは、どういうことを言いますか？」

「できないことを『自分以外のせいにする』ことだと思います。ですから、私は他の責任にしているわけではないので、『いいわけ』だとは思いませんでした」

「そういう考え方もありますが、私は違いますね」

「先生の考える『いいわけ』って何ですか？」

「私の考える『いいわけ』とは、『できない理由を考えること』です」

真剣な顔をして、坊田さんが二回頷いた。

「では、私から坊田さんに質問しますが、なぜ『いいわけ』がいけないと思いますか？」

「あまり考えたことはなかったですね。小さい頃から、親や先生に『いいわけをするな』と言われ続けてましたから」

「いざ、『いいわけ』がいけない理由を問われると、答えられない人って多いんですよ。

私は、『いいわけ』が自分を正当化すること自体がいけないのではなくて、できない理由を考えて、できない自分に満足しようとすることがいけないのだと思っています。思考は現実化するのですから、そのできない理由に満足している限り、その人はそれ以上成長できなくなってしまいます」

「なるほど！　先生と話していると、納得できる話ばかりですが、家に帰って自分一人で考えていると、なかなかそうもいかないのですね」

「あ、また『いいわけ』！」

と私が指摘して、二人で笑い合った。


そこに、ちょうど相川さんが講義を終えて、私の教室を覗き込んだ。ちょうどいい機会だと思って、私は相川さんを手招きした。

「なんか、こちらの教室は楽しそうですね」

ニコニコしながら、相川さんが教室に入ってきた。私は、かねてから考えていたプランを二人に提案してみることにした。

「相川さん、坊田さん、私と三人で【考える合格法】研究会を作りませんか？　これから、定期的に具体的な勉強法について『考える』ための研究会です。そうだな、私の土曜日の講義が終わった五時くらいから、この教室で一緒にいろいろなテーマについて考えを磨いてみませんか？」

すぐに相川さんは「面白そう！」と声をあげたが、坊田さんは真面目な顔で質問してきた。

「具体的に、どんなテーマで話をするんですか？」

「当然、坊田さんや相川さん自身が提案してくれたテーマですよ。そのテーマに、一つの答えがあるわけではなくて、三人でさまざまな角度から『考える』のです」

「いや～、勉強になりそうですね。先生、また教えてください！」

「違いますよ、坊田さん。【考える合格法】研究会は、相川さんと坊田さん自身が考えて自分なりの答えを見つけていくのですよ。私は、どちらかというと聞き役です」

二人が一瞬お互いの顔を見合わせた後に、相川さんが質問してきた。

「先生、その研究会は私の現在の試験にも役に立ちますよね？　それとも……」

「もちろん、相川さんが受験する試験でも同じです。試験勉強の本質的なことを考えていきますから」

「先生、そのテーマをいまここで、決めてしまいましょうよ。その方が、そのテーマについてあらかじめ考えてこられるじゃないですか」

「さすが、相川さん。そうですね。いますぐ、テーマを決めましょうか」

その後、私たちは三人で話し合った結果、【考える合格法】研究会のテーマを次の五回に分けて行なうことにした。そしてさっそく、第一回目の研究会を今週の土曜日の私の講義が終わった五時頃に、この教室で集まることにした。

【考える合格法】研究会のテーマ	
第一回	『情報加工』の技術について考える――テキストを耕す
第二回	『問題演習』の技術について考える――繰り返しの魔法
第三回	『情報整理』の技術について考える――比較認識法
第四回	『記憶定着』の技術について考える――スケジュールの役割分担
第五回	『自己管理』の技術について考える――自己宣言ノート

第２章

『情報加工』の技術を磨く――テキストを耕す

問題意識を多く持つこと

次の土曜日は雨になった。私が午後からの講義を終えると、相川さんが少し緊張した表情のまま、教室に入ってきた。彼女は、今日も自習室で勉強していたようだ。教室に入ってきた相川さんを見て、講義に参加していた坊田さんは、少し驚いた表情を見せた。ひょっとしたら、坊田さんは【考える合格法】研究会のことを忘れていたのかもしれない。

教室の受講生がみんな帰ってから、机を向かい合わせにして三人が座った。相川さんも坊田さんも緊張しているのか、無口だった。私が、最初に切り出した。

「それでは、これから第一回目の【考える合格法】研究会を始めます。まずは、最初に、この研究会の基本的な方針というか、進め方を提案しますね。この研究会は、たくさんの勉強法の中から、どの勉強法が一番いい勉強法だ、と決めるためにあるのではありません。この研究会の目的はただ一つ、自分の実践する勉強法に多くの問題意識を持つことです」

「多くの問題意識を持つこと？」

珍しく、相川さんと坊田さんの声が揃った。

「そう、『問題意識を多く持つこと』が目的です。問題意識をどれだけたくさん持つことができるかによって、『自分自身の勉強法に確信が持てる』ようになるんです。私は、**なかなかゴール（合格）に到達できないのは、一生懸命に勉強しながらも、自分の勉強法そのものに不安を感じていることが**大きな原因ではないか、と考えているのです」

「先生の言っていることは、僕にはよく理解できますよ。正直、いつも『この勉強法でいいのか？』って、常に考えていますから」

坊田さんの目が、少し輝いたように見えた。相川さんも、坊田さんを見ながら頷いている。短期合格を果たしている相川さんでも、やはり勉強法自体に悩んでいるのだ。

「坊田さんは、本当に素直ですよね。これから、この研究会を通して、しっかりと自分の勉強法に絶対の確信を持てるようになりますから、安心してください」

「で、具体的にどのように進めていくのですか？」

待ちきれないように、相川さんが先を急いだ。

「何でも、自由に意見を出し合いたいですね。相手の意見を批判するのはなく、それと関連して思いつくことをドンドン出し合いましょう。出た意見の交通整理は、私がやります。この研究会は、相川さんと坊田さんが主役ですから、ドンドン発言してくださいね」

「ブレーンストーミングの要領ですね」

「そう、坊田さんの言うように基本的にブレーンストーミングで、この研究会を進めていきたいと考えています」

サブノートを作るのは危険？

「では、さっそく始めましょう。まず、きょうは『情報加工の技術』についてです。このテーマは、坊田さんが『サブノートを作った方がいいですか？』と言ったのをきっかけに考えてみることにしたんですよね。坊田さん、いかがですか？」

「そうです。いまはまだ、二科目の勉強を始めたばかりですから、いいんですけど、これからドンドン新しい科目を勉強することを考えたら、比較的ゆとりのあるいまの時期から、サブノートを作り始めた方がいいのではないか、と思っているんです」

この発言を聞いて、相川さんが何か言ってくれることを期待したが、まだ遠慮しているようだったので、私から相川さんに質問してみた。

「それでは、まず『なぜ、サブノートを作りたいと考えるか？』について考えてみましょう。この点、相川さんはどう思いますか？」

「たぶん、覚えることがドンドン増えていくのがわかっているから、直前期に覚えることを少しでも減らしたいので、サブノートを作りたいと考えるのだと思います」

「そうですね。それが受験生のホンネですね。でも、その考えでサブノートを作るのであれば、大変危険なことになると思いますが」

「どうしてですか、先生？」

少し不安気な顔をして坊田さんが聞いてきた。

「だって、うちの学校のテキストでさえ、本試験の１００％の知識をカバーできているわけではないのですよ。いや、どの学校のテキストでも、100%の知識をカバーすることは不可能でしょう。それなのに、そのテキストより情報量の少ないサブノートを見返すのであれば、より本試験で対応できる範囲が小さくなってしまいます」

「作ること」にこだわるな！

「なるほどね。それでは、先生の受験時代はサブノートを作っていなかったのですね？」

確認するように、坊田さんが聞いてきた。

「いや、作ってましたよ」

「えっ！」

また、相川さんと坊田さんの声が揃って、私は少し可笑《おか》しかった。

「ただ、目的が違います。覚えることを少なくするためにサブノートを作ったのではなくて、『情報を整理するためにサブノートを作った』のです」

「情報を整理するため、とはどういうことですか？」

サブノート作りには、相川さんもかなり興味を持っているようだ。

「私は、B6の情報カードを使っていました（本書の1ページとほぼ同寸）。イメージで言うと、単語カードの大きいものですね。このカードに、問題集を集中的にやって、どうしてもここはテキストを横断的に整理したいと思ったところを自分なりに、まとめました。資格試験の受験生の頃は、営業の仕事をしていましたから、その情報カードをいつもカバンに入れて、外回りの合間に見返していました」

「その情報カードは、全部で何枚くらい作ったのですか？」

　相川さんがすぐに聞いてきた。

「一科目で、十枚前後と決めていました。そうすると、全科目分でも一つのファイルに収まりましたから」

「どうして、一科目でたったの十枚前後、と決めていたのですか？」

　今度は、相川さんに代わって、坊田さんが質問してきた。

「あまり『**作ること**』**自体にこだわらない**ようにするためです。これは、サブノートを作り始めるとわかることですが、サブノートというのは少しずつ凝って作りたくなってくるのですよ。そして、徐々に体系的に作りたくなってくる。受験生にとっては、これが一番危険です。**サブノート作りはあくまで手段であって目的ではない**のに、それがいつの間にか、目的に変わってしまうのです」

「サブノートは、体系化しないようにすることが、まず大切なのですね」

さすがに相川さんらしく、うまくポイントをまとめてくれた。

「本当に、そうだと思います。一言で、サブノートと言っても、さまざまな形式のノートが考えられます。ですから、一概に『サブノートは、作ってはいけない』という発想ではなく、『どういう考えのサブノートなら効果的なのか?』を考えていくことが、この【考える合格法】研究会の目指す方向ですね」

「先生、正直、いまやっと、この研究会のやろうとすることが見えてきました。一つひとつの勉強のやり方・進め方をもっと現実の受験に合わせて考えてやっていこう、ということですね」

「ですから、効果の高いサブノートなら、作ったらいいんですよ」

☀「間違いノート」の大きな弱点

「そういう意味では、問題で間違えたポイントを書き出す『間違いノート』なら、効果的ですか?」

今度は、相川さんが切り出した。

「よく『間違いノート』は、高校や大学受験の際に作っていた受験生が多いようですね。『間違いノート』もメリット・デメリットがあると思います。まず、メリットとしてあげられる点は何ですか？」

「間違えたポイントを書き出しておくので、それをときどき見直しておけば、自分が間違えやすいポイントを確実に押さえられると思います」

相川さんの意見に、坊田さんも頷いている。

「そうですね。試験で合格するためには、同じ間違いを繰り返さないことが何より大切ですからね。その意味では、『間違いノート』は効果的でしょうね。それでは、デメリットはありますか？」

「デメリット？　やっぱり、作成に時間がかかることですか？」

坊田さんが首を傾げた。相川さんも同じ仕草をしている。

「私は、**『間違いノート』の大きな弱点は体系的な理解が深まらないこと**を指摘したいと思います。法律は、どうしても全体的な体系の中での位置づけを考えていかなければ理解は深まりません。それが、間違えた順に『間違いノート』に書きこんでいくだけでは、体系的な理解は深まらないでしょう」

「それなら、どうしたらいいんですか、先生？」

坊田さんは相変わらず、すぐに答えを求めたがるようだ。

「それを、坊田さんに考えてほしいのです（笑）」

「私、わかりました！　だから、先生は『テキストを耕せ』と言うのですね」

さすがに相川さんは気づいたようだが、坊田さんはまだ首を傾げている。

「そう、テキストは体系的に書かれていますよね。ですから、**問題で間違えたポイントをテキストの該当する箇所に関連させて書き込んでいく**と、間違えたポイントが必然的に体系化されることになります。間違えたポイントは、問題集だけではなく、直前期の答練や模試のポイントもありますからね」

「なるほど！　それが『テキストを耕す』の意味ですか」

「いや、私が言う『テキストを耕す』ということは、もっと奥が深いですよ。しかし、その内容はまたいずれこの研究会の別の機会に話をすることにして、今日はもっと別の視点で考えていきましょう。具体的に、テキストに書き込むにはどんなやり方がありますか？」

さっそく、坊田さんが答えた。

「余白に直接書き込んだり、スペースがなかったら紙に書いてセロテープで貼ったり、付箋《ふせん》を使ったりします」

「セロテープは、あまり使わない方がいいですよ」

すぐに、相川さんが坊田さんにアドバイスした。

「セロテープだと動かせないので、直前期になってから、テキストを読み込むときに邪魔になるんですよ」

「私も、相川さんの意見に賛成です。できるだけテキストに直接書けるように、ポイントを絞って書き込むことが大切だと思いますが、どうしても書き切れないときだけ、付箋を上手に使うといいと思います。いまは、いろいろな大きさの付箋がありますから」

「あ～、私はいままでずっと紙に書いて、セロテープでテキストに貼りまくってきました。よ～し、これまでのものもすべて付箋に書き換えていきます」

「おっと坊田さん、ちょっと待ってください。いまから書き換えるのは時間がもったいないでしょ。これから付箋を使うようにした方がいいと思いますよ。これらの作業は、すべて『手段』ですから、そのこと自体にあまりこだわらない方がいいし、時間を使わないほうがいいんですよ」

「何でも『こだわりすぎない』がキーワードですね」

今度は、相川さんがまとめてくれた。

☀単語カードは作ったらすぐ使う

「それでは、他に情報を加工する手段として何が考えられますか？」

「原始的に、単語カードは使えますかね？」

この質問に、相川さんがすぐに反応した。

「私、実は単語カードを使っていましたよ。先生には、内緒でしたけど（笑）。どうしても、覚えないといけない数字とか計算式とかを書き出して、トイレやお風呂で見てました」

「へえ～、単語カードも使えるんだ。相川さんがやってたんだから間違いなしですね」

「私も、単語カードを作ることに反対ではありませんよ。単語カードの利点は、差し替えや破棄がすぐにできるのと、書き込むスペースが少ないので要約しないといけない点ですかね」

「そうか、要約しないといけないということは、そこで『考える』からですね」

「そうです、坊田さん。わかってきましたね（笑）。あとは、大切なことですが、単語カードも相川さんのようにすぐに使うなら、効果的だと思います。しかし、作っただけで満足して、直前期にまとめて覚えようとするのであれば、やはり単語カードの作成の時間がもったいない気がします」

「**単語カードは、『作ったらすぐ使う！』**がポイントですね」

「作る前に、『いつ使うか？』を考えてから作成するといいですね。使う時間が見つけられないのなら、作らない方がいいかもしれません」

「なんか、すごいですね。一時間くらいしか話してないのに、ポイントが三つも出てきましたね。とても勉強になりますよ、先生」

一時間…という相川さんの言葉に少しビックリして、窓の外を見ると外はもう暗くなっていた。

「そろそろ、第一回目はこれくらいにしましょうか。最後に、坊田さんが今日の『情報加工の技術』のポイントを三つ、まとめて言ってみてください」

坊田さんの目が一瞬丸くなったが、しっかり書き込んだレポート用紙を丹念に読みながら、ちゃんと三つのポイントを指摘できた。

◎『情報加工』の技術の三つのポイント◎

1. 体系化しない
2. こだわらない
3. 作ったら、すぐ使う

第３章

『問題演習』の技術を磨く——繰り返しの魔法

「過去問に始まり、過去問に終わる」は本当か？

一週間があっという間に過ぎた。土曜日の午後からの講義が終わると、相川さんがニコニコしながら教室に入ってきた。今回は、坊田さんも、相川さんを見ても驚いたりはしなかった。私が講義の後、受講生の質問の対応をしている間に、第二回目の【考える合格法】研究会の準備は整っていた。私は、二人の前に座る前に話しかけた。

「もうすぐ、来年度合格向けの新しい問題集が発売される時期ですね」

「あ〜、もうそういう時期なんですね。先生、本当にあっと言う間の一年でした」

少し目を細めながら、相川さんが答えた。

「先生、問題集を使う場合には、やはり過去問題集がいいですかね?」

「坊田さんは、なぜ過去問題集を使うのがいいと思うのですか?」

「だって、よくノウハウ本に書いてありますよ。受験勉強は、『過去問にはじまり、過去問に終わる』って」

「過去問の重要性は、私も認識しています。しかし、私は過去問だけが、すべてではないという考え方をとっています」

「先生、それはどういう意味ですか?」

「あまり、抽象的な言葉だけで考えても意味がありませんから、具体的に考えてみましょう。まず、坊田さんが過去問をやる目的は何ですか?」

「え~っと。過去問は過去の本試験に出題された問題ですから、本試験の出題傾向やレベルを知ることができます。また、今後の本試験の作成時にも、過去問が当然に参考にされて作られると思います」

「さすが、坊田さんですね。私は、過去問をやる目的なんて考えたことなかったです」

「でも、相川さんも過去問をやってたでしょう?」

「実は、私は、あまり過去問をやってないんですよ。テキストに載っている過去問くらいしかやってないと思います。先生も、あまり『過去問をやれ、やれ』と言われなかったんで」

「えっ、そうなんですか、先生？」

意外や意外、という顔をして坊田さんが叫んだ。

「そうなんです。坊田さんは、直前期の答練しかこれまでは参加されてなかったので、知らなかったのですね。ここはもう少し、しっかりと考えていきましょう。まず、過去問題集は大きく二種類に分けられますが、坊田さんわかりますか？」

「え〜と、項目別と年代別ですか？」

「そうですね。この二つでは、それぞれやる目的は違ってきます。先ほど、坊田さんが言ってくれたように、『項目別の過去問題集は出題傾向やレベルを知るため』に使えるでしょうね。これに対し、『年代別の過去問題集は時間配分や実力を試すため』に使えますね」

「それで、どうして先生は過去問題集に否定的なのですか？」

「別に否定的というわけでもないのですが、特に項目別の過去問題集の場合に、あまりに細かい知識まで問われている問題を初学者がいきなり見ると、この試験の出題範囲やレベルを誤解してしまうことがあると思っているんです」

「先生、もっと具体的に説明してください」

坊田さんは早く理由を知りたいようだ。

「よく、**本試験は『基本的事項だけで七割は出題される』**と言われているのを坊田さんも聞いたことがあると思います。この点は、私も事実だと思います。しかし、過去問題集には構成上その基本的事項以外の知識の問題も入っていることが多いんですよ。それを初学者が見ると、**『講義で使うテキストでは不十分ではないか？』と考えてしまう**ことがあって、そのために細かい知識を追ってしまう勉強法になりがちなんです」

「トップダウン勉強法の三角形の一番下、つまり四段目の所ですね。ところで先生は、よく『できる問題とできない問題の見分けが重要』と言われてましたよね」

うまい相槌を相川さんが入れてくれた。

「そう、よく『本試験はサンドイッチになっている』と私は言ってますね」

「サンドイッチ？」

「そう、本試験は、難しい問題とやさしい問題（基本問題）をサンドイッチのように挟《はさ》んで出題してきます。ですから、受験生としては基本問題をしっかり得点していくことが必要なのです。そうした基本事項をマスターするためには、別に過去問題集でなくても、良質な予想問題集で充分だと考えています」

「なるほど！　予想問題集でもいいんですか……」

「予想問題集と言っても、ほとんどが過去問で問われた重要なポイントを焼き直して出題されているのがほとんどですから、過去問題集でも予想問題集でも、どちらでもよいと思います」

「では、年代別の過去問題集はどうですか？」

「**年代別の過去問題集は、予想問題集で基本的な事項をしっかりマスターした後に、難しい問題と基本問題を見分ける訓練に使うといい**と思います。どちらにしても、私は『過去問題集はいけない』とか『過去問題集は使うな』と言っているわけではありません。しかし、この受験界に存在する『過去問至上主義』的な考えは、受験生の立場から言うと、『過去問さえやっておけばよい』とか『過去問はすべてマスターしなければならない』という思考に結びつきやすい点を指摘したかったのです。要は、過去問題集をやることも受験生として、しっかりと問題意識をもってもらいたいだけです」

「ありがとうございます。よく理解できました」

☀「五肢択一」より「一問一答」のほうが深い？

相川さんが質問を切り出してきた。

「前から思っていたのですが、問題集は『五肢択一式』のものと『一問一答式』のものとがありますが、どちらを使うほうが効果的なのですか？」

彼女の質問に答える前に、坊田さんが口を開いた。

「よく『一問一答式』でばかり問題を解いていても、最後は『五肢択一式』で練習しないと正解率が上がらないって言われていますよね、先生？」

「えっ、それはウソでしょう？　どう考えたって、それはウソですよ」

「なぜ、先生はそう思うのですか？」

「なぜって、『五肢択一式』の場合には、五肢のうち三肢がしっかりと○と×が判断できれば、それで正解の肢が見つかる場合もありますし、残り二肢のどちらかになっても、しっかりと比較考慮すれば正解率は約70％にはなると考えられます。この点、『一問一答式』の場合は、文字通り一問ずつ明確に○か×かを出さないといけません。ですから、『一問一答式』ばかりやっているから正解率が下がるのではなくて、逆に一問ずつの把握が甘いから正解率が下がっているのです」

「ということは、『一問一答式』の方がいいということですか？」

「昔の択一式問題集だけの時代に、『一問一答式』が登場してきたのは、受験技術的に考えて大きな進歩だったと思います。ただ、一概に『一問一答式』の方が優れていると は言えないと思います。択一式問題集も、一問ずつツブしていけばいいわけですから」

「先生、過去問をやる場合にも同じですか？」

今度は、相川さんが質問してきた。

「もちろん、『同じ過去問が、繰り返し出題されている』というのは、事実です。ただ、たとえば、同じ×という答えの肢が、そのまま翌年に×という肢で正解肢になることは稀《まれ》だと思います。そうではなくて、過去問の正解肢でなかった肢が今度は正解肢として出題されることはよくあることです。ですから、一問ずつしっかりと押さえていくことが必要です」

「それでは、先生が提唱されている『×問式』と『一問一答式』の違いは、何ですか？」

相川さんの「×問式」の質問に対し、坊田さんが反応した。

「え？　『×問式』ってなに？　聞いたことないよ」

◎超速太朗オリジナル【×問式】問題のサンプル◎

答えは、すべて×だから、単に○か×かという発想ではなく、どこが何の規定と違うのかを考えます。このため、【比較認識法】をマスターするには最適な問題形式になっています！

（解説は203～206ページ参照）

労働基準法

例1： 使用者は、労働契約の不履行について違約金を定め、又は損害賠償を予定する契約をしてはならない<法16条>

例2： 使用者は、前借金その他労働することを条件とする前貸の債権と賃金を労働者の同意があれば相殺することができる<法17条>

例3： 使用者は、労働契約に附随して貯蓄の契約をさせ、又は貯蓄金を管理する場合は、労使協定を締結し、これを行政官庁に届け出なければならない<法18条1項>

憲法

例1： すべて国民は、法の下に平等であって、国籍、信条、性別、社会的身分又は門地により、政治的、経済的又は社会的関係において、差別されない<憲法14条1項>

例2： 取材の自由は、表現の自由を規定した憲法第21条の保護のもとにある<憲法21条1項>

例3： 裁判所は、仮処分の形で、名誉毀損的表現を含む書物の出版を前もって差し止めるのは、当事者の充分な意見陳述の機会が与えられていても、違憲である<憲法21条2項>

民法

例1： AはB自分が真意でないと認識しながらBにA所有の土地を売却した場合には、Bがその Aの真意を知っていた場合に限り、無効となる<93条>

例2： 意思表示をした者が契約の締結を左右するほどの重要な思い違いをしていた場合でも、善意の第三者には無効主張できない<95条>

例3： AはBに強迫されて自己所有の土地をBに売却した場合において、Bが善意のCに当該土地を売却した場合にはAはCに対して取消しを主張できない<96条>

私はショックだった。坊田さんは、「×問式」の存在を知らなかったようだ。

「坊田さん、知らないんですね（笑）。私がもう二年くらい前から、無料のメールマガジンなどで提唱している問題形式ですよ。『×問式』は、大きく言えば『一問一答式』の仲間ですが、問題集をやったときの効果を最大限に意識して作成しています」

「答えが、みんな『×』の問題、ということですか？」

「そうです。問題が○か×かが重要ではなくて、『出題意図が何か？』が重要ですよね。私の提唱する『×問式』はそのことを最大限に意識できるようになっていますので、学習効果が一番高いと思っています」

「なるほど！　すべて答えが×の問題集ですか。そんなものがあったら、ぜひ解いてみたいですね」

「実は、もう私が作成していますよ。すでにパソコンや携帯で学習できるようになっています（詳しくは、『超速太郎のオススメ！　考える合格法』のホームページ＝奥付参照をごらんください）」

記憶のレベルを知る

「しかし先生、今日はなかなか本題に入れませんね。まぁ、どれも大切な話ですけど」

「本題って、何ですか？」

先ほどの驚きの表情から、相川さんが一瞬で真面目な顔に戻って聞いた。

「坊田さんが以前、聞きたがっていた話なんですけどね。**『問題集を繰り返すコツ』**の話です」

「そうそう、以前のガイダンスでそんな話が出てきましたね。先生は『問題集をとにかく繰り返せ、繰り返せ』と言われますが、私には五回も十回も繰り返すような時間がないんですよね。秘策があれば、ぜひ教えて欲しいんです」

「その前に、記憶にはレベルがあることを知っていますか、坊田さん？　相川さんは、この話を覚えていますか？」

「はい、記憶には三日で忘れるレベル、一週間で忘れるレベル、一ヶ月でも忘れないレベルがある、という話ですよね」

「そう、そしていまの時期に大切なことは、**半年経っても忘れないレベルに記憶を高めること**です。坊田さん、この記憶のレベルを高めるには、どうしたらいいと思いますか？」

「え～と、たくさん繰り返すこと、それしかないんじゃないですか？」

「その通りです。**記憶のレベルは繰り返しの数に比例**します。これは、本当に大切なことです。坊田さん、絶対にこのことを覚えておいてくださいね」

「やっぱり、この試験は暗記の試験ですか？」

「私はその言葉は嫌いですが、あながち否定はできません。試験の実力は、『理解』と『記憶』が車の両輪だと考えています。『理解』だけでも、『記憶』だけでもうまく実力はつきません」

◎試験勉強はロッククライミング◎

「先生、そこのところ、もう少し詳しく説明してもらえませんか？」
「特に、独学の人に多いのですが、『記憶』することを軽視して、早く先に進むことばかり考えている勉強法は、逆に遠回りしてしまうことが多いと思います。実は、これは、私自身の経験でもあるんですけどね（苦笑）。試験勉強はイメージで言うと、ロッククライミングのような感じで勉強していかなくてはいけない、と思っています」
「ロッククライミング？　あの切り立った岸壁を登

っていくスポーツのことですか？」

「そうです。しっかりと足場の杭を打たないと、いくら手足を動かしても上には登れませんね。試験勉強も同様に、しっかりと記憶の杭を打たないと実力はついてきません」

「これも、先生の独特の表現ですね」

「イメージしやすいでしょ（笑）。法律はすべて積み重ねですから、『理解』も『記憶』があって成り立つものなのです」

☀「繰り返しの魔法」を使おう！

「先生、記憶のレベルの話は、もうわかりました。早く『問題集を繰り返すコツ』を教えてくださいよ」

業《ごう》を煮やした坊田さんが、先を急がせた。

「はい。それでは、坊田さんに質問しますが、坊田さんが一度解いた問題を二度目に解くのは、いつですか？」

「そうですね。忘れた頃に解かないと意味がないので、一ヶ月くらい先になっていると思います」

「それでは、相川さんに同じ質問をします。相川さんはどうでした？」

「私は、**翌日には必ず繰り返す**ようにしていました。先生が、そう言ってましたから」

「えっ！　それでは、答えを覚えているじゃありませんか？」

もともと丸い目を、さらに丸くして坊田さんが私を見つめている。

「それでいいんですよ。だって、覚えるために繰り返すのですから。もっとも、『この問題の答えはCだった』とか、正解の選択肢を覚えてもダメですけどね（笑）」

「先生の言われる『問題集を繰り返すコツ』って、翌日にもう一度同じ問題をやるって、ただそれだけのことですか？」

「そんなつまらなそうに言わないでくださいよ（笑）。私は、このことを『**繰り返しの魔法**』と呼んでいるのですから」

「でも先生、どこが魔法なのですか？　教えてください」

まだ、坊田さんは気づいていないようだった。

「では、具体的に説明しましょう。これからお話しすることは大切ですから、しっかりとメモしてくださいね。さて、坊田さんが復習の際に、択一式の問題を一時間で十問解いたとしましょう。この十問の問題は、坊田さんの考え方でいくと、二回目は忘れた頃

◎「繰り返しの魔法」なら短時間・多数回！◎

黒田さんのやり方

1回目	10問	1時間
2回目	（1ヶ月後）	1時間
3回目	（2ヶ月後）	1時間
計 **3**回		**3**時間

「繰り返しの魔法」を使うと

1回目	10問	1時間
2回目	（翌日）	30分
3回目	（翌々日）	10分
4回目	（3日後）	5分
5回目	（4日後）	5分
6回目	（5日後）	5分
計 **6**回		**1**時間**55**分

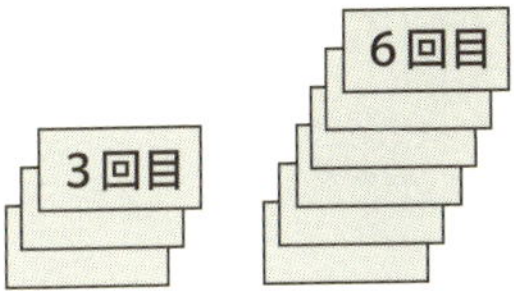

時間を置かずにすぐ繰り返すことで、短時間で何回も繰り返し勉強できる！

に解くわけですから、二回目も一回目と同じ一時間かけて十問解くことになりますね。三回目も同じです。そうすると、この十問の問題を三回繰り返すのに、時間は何時間かかりますか？」

「当然、三時間です」

「そうですね。それでは相川さんのように『繰り返しの魔法』を使うと、どうなるでしょう？　二回目は翌日にやるので、同じ十問を解くのにせいぜい三〇分あれば充分でしょう。三回目もまたその翌日にやるので、一〇分程度で十問の確認はできるのではないでしょうか。同様に、四回目もその翌日にやれば、五分もあれば充分でしょう。その翌日も、その翌日も、五分あれば確認できるはずです。坊田さん、いままでこの十問の問題を何回繰り返すことができたと思いますか？」

坊田さんは、レポート用紙のメモを真剣に見つけて答えた。

「六回です」

「では、その六回を繰り返すのに、時間はどのくらいかかりましたか？」

「えっ～と、合計で一時間五五分です」

坊田さんが答える前に、相川さんが答えた。

「『繰り返しの魔法』を使うと、倍の回数を繰り返せて、しかも時間はかなり少なくできるということですね」

「でも、かけた時間が少ないと、記憶のレベルも低いような気もするなぁ」

「坊田さん、もう忘れていませんか？『記憶のレベルは、繰り返しの数に比例する』という原則を」

「あっ、そうでした。そうでした。『繰り返しの魔法』とは、誰が考えたのですか？」

「これも、先生のオリジナルですよね？」

私が答える前に、相川さんが答えてくれた。

「先生、この『繰り返しの魔法』は、もっと早く知りたかったですよ。さっそく明日から、この魔法を使って勉強します。ありがとうございます。いや～、きょうも本当に勉

◎『問題演習』の技術の三つのポイント◎

1. 問題の一肢一肢を出題意図を考えながら、解いていこう
2. 記憶のレベルは、繰り返しの数に比例する
3. 繰り返しの魔法を使おう！

強になりました」

　そう言って、坊田さんは、レポート用紙や筆記用具をグリーンのスポーツバックにしまい込んだ。窓の外を見ると、もう真っ暗になっていた。

第４章

『情報整理』の技術を磨く——比較認識法

本試験では、どんな能力が問われているか？

土曜日の午後の講義が終わり、教室の窓から見下ろせるデパートの前の大きなクリスマス・ツリーをぼんやり眺めているところに、相川さんと坊田さんが教室に入ってきた。

「前回の話は、本当に勉強になりました。さっそく『繰り返しの魔法』を使っていますけど、先生の言うことがだんだん理解できてきた気がします。『理解』と『記憶』は、両輪なんですね」

「お役に立てて光栄です（笑）。でも、今日の話の方が、もっと重要になるでしょうね」

机のセッティングができたので、三人が所定の席についた。坊田さんが切り出した。

「え〜と、今日は『情報の整理』がテーマですよね。第1回目に、『情報の加工』について考えたので、正直に言うと、今日は何を話すのかわからないんですけど……」

「私は、今日は『テキストの耕し方』について話をするものと思っていましたが、違いました？」

「あっ、『テキストの耕し方』、僕もそれを聞きたかったんですよ。先生、さっそくお願いします」

レポート用紙を開き、ボールペンを持った坊田さんの目がこちらを見ている。

「まずは、『テキストの耕し方』を考えていく前に、『本試験がどんな能力を問うているか？』を考えていきたいと思います。この点、相川さんはどう考えますか？」

「え〜と、正確な知識と判断力が問われていると思います」

「なるほど。坊田さんはどうですか？」

「本試験も法律の試験ですので、法的なものの見方や考え方が問われていると思います」

「はい。このように同じ試験について考えても、二人の意見は全然違いますね」

「先生、どちらの答えが正しいのですか？」

真面目な顔をして、坊田さんが聞いてくる。

「相川さんと坊田さんのどちらかの意見が正しくて、どちらかが誤っているということはないのです。ただ、私が言いたいのは、『本試験がどんな能力を問うているか？』の答えを何と考えるかによって、『情報整理』の手法は自ずと変わってくる、ということに気づいてほしいのです」

「では、先生は『本試験はどんな能力を問うている』と考えているのですか？」

今度は、相川さんが聞いてきた。

「私は、本試験は『情報処理能力の試験』だと考えています。もっと具体的に言うと、**本試験とは『複雑な知識を正確に理解し、いかに頭の中に整理できているか？』が問われている試験**だと思っています」

「では、先生、私がいま勉強している試験については、どう思ってますか？」

「いま、相川さんが勉強している試験についても、基本的には同じです。情報処理能力が問われていると思います。この点は、同じ法律の試験であれば、試験の出題形式によって異なると考えています」

「具体的には、どういうことですか？」

「法律の論文方式の試験であれば、その法律の全体的な理解が重視され、法的なものの見方・考え方が問われてくると思います。これに対して、同じ法律の試験でも、マークシート方式では情報処理能力が問われている、と考えていいと思っています」

「それで、先生は、その論文方式とマークシート方式では『情報処理』の手法は、どのような違いがあると考えているのですか?」

「論文方式の場合には、正確な定義の暗記から始まって、全体を理解して、文章を論理的に構成するために、フローチャート等を使って図的に整理していく手法が効果的だと思います」

「では、マークシート方式ではどうですか?」

「マークシート方式では、論文方式が要求しているような法律の全体的な理解というよりは、より細かいレベルでの正確な知識の整理が求められてくると思います」

「先生、その細かいレベルの正確な知識を整理していくためには、どんな『情報整理』の手法がいいのですか?」

「それを、いまから坊田さん自身が考えるのです(笑)」

自分で考える習慣を身につけよう

「先生、そんなに意地悪を言わないで、ヒントくらい教えてくださいよ。僕には、どのように考えていいのか、さっぱりわかりません」

「坊田さん、それは坊田さんに考える能力がないのではなく、自分で考える習慣がないだけなんですよ。そこに気づけるようになると、いろんなことがもっと明確に見えてくるようになるはずです」

「はい、できるだけ習慣化していきます。でも、忘れていたら、先生、また指摘してくださいね（笑）」

「わかりました。ビシバシいきますからね（笑）。では、まず、坊田さんが知っている『情報整理』の手法をあげてください」

「え～と、僕が知っている『情報整理』の手法と言えば、『横断整理』と『縦断整理』くらいですかね」

「そうですね。この二つが代表的です。一般的に、『横断整理』は、各科目間の共通項目の整理であるのに対し、『縦断整理』は同じ科目内での似たような項目の整理のことですね」

「先生、他に『情報整理』の手法ってないですよね？」

坊田さんの横で、相川さんがニコニコしながら、こちらを見ている。

☀知識から知恵へ

「まぁ、いいでしょう(笑)。坊田さんには、まず『情報整理』についての一番大切な視点について考えてもらいます。坊田さん、『情報整理』をするときに一番大切なことは、何だと思いますか?」

「覚えられることですか?」

「そう、その通りです。どんなに素晴らしく整理できていても、それが試験で使えないようであれば、意味がないと思うのです。複雑な知識を試験で使えるように整理していくことを、私は『知識から知恵へ』と呼んでいます」

「知識から知恵へ?」

さっそく、坊田さんがメモを取った。

「そうです。我々の目指す試験が、情報処理能力の試験であるとするならば、この**『知識から知恵へ』と変えていく作業が勉強の中心**であるべきだと考えます」

「でも、先生、市販されている『横断整理』や『縦断整理』の本を見ると、うんざりしますよ。合格するためには、これを全部完璧に覚えないといけないのか、ってね」

「合格するために、すべて覚える必要はないですよ。これは皮肉なことですが、市販本のように、完璧に整理すればするほど、よく出題されるポイントが曖昧になってしまいがちなんですよね」

「では、先生は『横断整理』等を自分で作成しろと言っているのですか？」

「そうではありません。優秀な人なら、受験生時代から自分で作成している人もいるみたいですね。要は、作る過程で頭が整理されていくのです。他人が作ったものを丸暗記するのは、辛い作業ですから。しかし、普通の受験生に自分で『横断整理』等を作成する時間はないと思います。だから、市販本を参考書代わりに使う程度ならいいと思います」

「では、知識を知恵に変えていくためには、どうしたらいいのですか？」

「一言で言うと、**よく出題されるポイントを、出題される形で整理すればいい**と考えています」

「ですから、それをどうすればいいのです？」

苛立ちはじめた坊田さんを見て、相川さんが助け船を出してきた。

「それが、先生が提唱されている『**比較認識法**』ですよね」

「比較認識法？　そういえば、先生が講義中に時々言ってますよね。あれって、『情報整理』の手法だったんですか？」

この発言に、私は思わずがっくりした。

「ハハハ……、先生、まだまだ『マイナー太朗』ですね（笑）」

楽しそうに、相川さんが笑っている。

「もう、坊田さん、勘弁してくださいよ。『比較認識法』は、私がもう三年くらい前からホームページやメールマガジンで公開している『情報整理』の手法ですよ」

「あ〜、いや、私も言葉は知っていたのですが、正直、ピンときていなかったもので……。すみません、先生の受講生でありながら」

「いいです、いいです。どうせ、まだまだ『マイナー太朗』ですから（笑）。でも、今日は、坊田さんのために具体的に『比較認識法』を説明しますね」

本試験で威力を発揮する「比較認識法」

私は、坊田さんのレポート用紙を一枚もらい、『労働基準法』の簡単な『×問式』の問題を左記のように一つ書いた。

【×問式】使用者は、労働者が女性であることを理由として、賃金、労働時間その他の労働条件について、男性と差別的取扱いをしてはならない

「坊田さん、この問題を解説してください」

「えっ、これは『労働基準法』の問題ですよね。あ〜、どうだったかな〜」

「坊田さん、いま、何を考えていますか？」

「いや、この問題は○だったか？　それとも×だったか？　それを考えているんです。もう、だいぶ前に勉強をしたので、忘れているんです」

「坊田さん、これは『○×式』の問題ではなく、『×問式』の問題ですから、答えはすべて×ですよ（笑）」

「あっ、そうでした！」

そう言いながら、坊田さんは組んでいた右手で頭をかいた。

「これが普通の『一問一答式』の問題であれば、解答は次のような感じで書いてあるでしょうね」

そう言って、私はレポート用紙に左記のように書いた。

> 【解答】 労働基準法第四条は、「使用者は、労働者が女性であることを理由として、賃金について、男性と差別的取扱いをしてはならない」とあるので、性別について「労働時間その他の労働条件について」差別的取扱いを禁止していない。よって×。

「こんな解説を読むと、坊田さんは何を考えますか？」

「そうですね。僕は第四条を正確に覚えていなかったので、しっかりと覚えないといけないと思いました。やっぱり、条文の正確な暗記が大切ですね」

「そう考えて、多くの受験生がこれまで条文のマル暗記に走ってきたんです。でも、この問題を作成した出題者の意図は、そこにはないのです」

「出題者の意図まで、なかなか考えが及びませんよ」

「最初は誰でもそうだと思います。でも私の言う、『**比較認識法**』のコツをマスターすると、**誰でも出題者の意図を見抜ける**ようになるんです」

「それで、この問題の出題意図は何ですか？」

「『労働基準法』第三条に、第四条と似たようなこんな条文がありましたね」

第三条「使用者は、労働者の国籍、信条又は社会的身分を理由として、賃金、労働時間その他の労働条件について、差別的取扱をしてはならない」

「はいはい、この均等待遇の条文ですね。そっか〜、この『×問式』の問題は、この第三条との入れ替えでできているんだ！」

「そうです、出題者の意図は、第三条と第四条を混乱せずに、しっかり分けて押さえているかどうかを聞いているのです。ですから、この第三条と第四条を比較して整理しておくのが、『比較認識法』です」

「先生、でもこの『×問式』の問題なら、賃金以外の項目はすべて『男女雇用機会均等法』で規定していることとも、比較できませんか？」

いままで頷いていた相川さんが、いきなり口を開いた。

◎超速太朗式「比較認識法」を使うと◎

(注)差別的取扱いの禁止

- 国籍、信条、社会的身分（三条）
  →賃金、労働時間その他の労働条件
- 性別（四条）
  →賃金についてだけ
  ※賃金以外の項目については、
  「男女雇用機会均等法」で禁止している

「そうですね。この第四条は、同じ性別による差別的取扱いを禁止しているということで、『男女雇用機会均等法』との比較も考えられます。つまり、『比較認識法』のパターンは、無限に作成可能ですし、こうでないといけないという形もありません。要は、**『出題意図を出題される形で整理する』のが『比較認識法』**だからです」

こう言いながら、私はレポート用紙の続きに、先ほどの『×問式』の問題に『比較認識法』による解答を上記の図のように書いた。

「この『比較認識法』は、試験問題

の作成技術的に考えても、当然なことなのです。×の肢を作成するときに、まったく出てこない言葉を入れると誰でも×と判断できてしまうのです。たとえば、先ほどの『×問式』の問題がこんな問題だったら、どうですか？」

【×問式？】使用者は、労働者が女性であることを理由として、弁当の大きさについて、男性と差別的取扱いをしてはならない

「ハハハ……、先生、これなら誰でも、『×』ってわかりますよ（笑）」

「だから、似たような規定を探してきて、それを入れ替えるように問題を作成していくのです」

「なるほど。ですから、その出題者の意図を読み取って、あらかじめ似たような規定を比較しておき、それを押さえておくことが『比較認識法』なんですね」

「坊田さん、しっかり理解してくれているじゃないですか（笑）」

「当たり前です。これでも【考える合格法】研究会のメンバーなんですから（笑）。で

も、どうしたら、出題者の意図を見抜けるようになるのでしょうか？」

「まずは、『比較認識法』の視点を常に意識しておくことです。後は、問題を集中的に解いていきながら、感覚を身につけていくしかないですね。私の配信しているメールマガジンでは、『×問式』の問題を『比較認識法』で解説していますので、ぜひ登録してみてください。この『比較認識法』は私がこの資格試験の講師になってから、ずっと研究してきていますからね」

「それだけ『比較認識法』って、奥が深いんでしょうね」

「もう少し言えば、**合格するための『理解』というのは、条文の意味と中身を正確に覚えておくだけでは不十分**だということです、**出題者の意図を押さえて、初めて『理解』できたことになる**はずです。その意味で、『比較認識法』とは、『情報整理』の手法であると同時に、効果的な理解法でもあると思っているんです」

「私が『比較認識法』を語りだしたら止まりませんので、また、この次の研究会でも少し話をさせてください。今日はもう時間ですから帰りましょう」

◎『問題演習』の技術の三つのポイント◎

1 自分で考える習慣を身につけよう

2 情報は使えないと意味がない

3 『比較認識法』は、
効果的な理解法でもある

第5章

『記憶定着』の技術を磨く――スケジュールの役割分担

「テキストの耕し方」のコツ

私は、シナモンコーヒーが好きだ。土曜日の午後の講義が終わり、相川さんがまだ来ていなかったので、私は急いで、近くのコーヒーショップでシナモンパウダーをたっぷり入れたコーヒーとチョコチップクッキーを三枚買って帰った。

「あっ、先生、またシナモンコーヒーですか？　香りでわかります（笑）」

「うん、何かまた急に飲みたくなってね。はい、これ一枚ずつね」

二人の「ありがとうございます」という声が揃った。

「先生、前回の『情報整理』の技術についてですが、結局、『比較認識法』を使って、

『テキストを耕す』ということでよかったんですよね？」

坊田さんがチョコチップクッキーにかじりつきながら話し出した。

「そう、そう。前回の最後に『比較認識法』の話に夢中になって、話が中途半端になりましたね。意外に難しい『テキストの耕し方』なのですが、これを『比較認識法』を使って、テキストに書き込むことができれば、ベストだと考えています」

「今日の講義でもありましたが、僕の場合だと先生がある程度、講義の中の板書で『比較認識法』のポイントを書いてくれるので、それをそのままテキストに書き込んでいけばいいですね」

「前回も言ったように、**比較認識ポイントは無限にある**ので、講義の比較認識ポイントだけでなく、問題集をやって坊田さんが**気づいた比較認識ポイントをどんどんテキストに書き込んでいけるようになればいい**と思いますよ」

「僕には、これがかなり難しいんですよね」

「初めのうちは、なかなか難しいと思いますが、相川さんは初めからうまい方でしたよ。中には、どうしても問題集の解説を丸写ししてしまう人もいますから」

「相川さん、今度、昨年のテキストを見せてね」

隣に座っている相川さんに、坊田さんが手を合わせた。

「そうですね。合格者のテキストを見せてもらうと、学べるところがいっぱいあると思いますよ」

「先生、簡単に『テキストを耕す』コツってありませんか？」

坊田さんは話を進めるよう、促した。

「**『テキストを耕す』コツは、できるだけ短く書き込むこと**です。パッと見て、ポイントがわかるように表現することです。よく『テキストに書いてあるから』と線だけ引いて満足する人がいますが、これだけではいけません」

「先生、それ、僕のことです」

また、坊田さんが頭をかいている。

「『どこが出題されたか？』ではなくて、『どのように出題されたか？』がわかるように書き込まないと、直前期にテキストを読み込んでも思い出せませんね」

「これまで私がやっていた勉強法は、『何から問われたか？』によって蛍光ペンで色分けすることしかやっていませんでした。赤が過去問から、青が問題集から、黄色が答練や模試からとか、です」

「そのように指導する勉強法が主流でしたからね」

☀間違い探しゲーム

「先生、そう言えば、今日のテーマは『記憶定着』の技術についてでしたよね。僕が、ちょっと前回の話を出したので脱線してしまいましたね。すみません」

「いや、全然脱線していませんよ。私は、『比較認識法』が『記憶定着』のためにも非常に効果的だと考えているんです」

「『記憶定着』と言えば、『ゴロあわせ』のことしか思い浮かびませんでした」

「私も。でも、先生は『ゴロあわせ』はあまり使いませんよね？」

チョコクッキーを食べ終えた相川さんがようやく口を開いた。

「相川さんの言うように、私はあまり『ゴロあわせ』を使いません。しかし、いままでの『記憶定着』のための受験指導の中心は、この『ゴロあわせ』だったかも知れませんね」

「なぜ、先生は『ゴロあわせ』を使わないんですか？」

「全然使わないことはないですけど、最小限です。だって、『ゴロあわせ』も結局は、覚えないといけません。しかも、『ゴロあわせ』の言葉自体は、まったく関係のない知識ですから、無駄のように感じてしまうのです。『ゴロあわせ』の言葉は思い出せても、

『どこでそのゴロを使うか？』を覚えていないというのでは、意味がないですよね」

「でも、僕なんて、暗記力がないので、ゴロ合わせでも使わないと覚えられないような気になっているんです」

「いいですか、坊田さん。よく聞いてください。本試験はマークシート方式ですから、論文方式の試験のように無から有を創り出す試験ではないのです。つまり、問題文を読んで、それが○か×かを判断すればいいのです。完全に暗記している必要はありません。問題文を読んで思い出すことができれば、それで充分なのです」


「先生、『問題文を読んで思い出す』ってことを、もっと具体的に教えてください」

今度は、相川さんが身を乗り出すように聞いてきた。

「相川さんも、『間違い探しゲーム』をしたことがあるでしょ？」

「あの雑誌とかに載ってるゲームですか？」

「そうそれ。左右の似ている絵を比較して、間違っている箇所を五つ探すとかいうパズルです。その左右の絵を別々に覚えて、白紙の紙に書き出さないといけないのなら、これは完全に暗記力が必要になりますね」

坊田さんは、レポート用紙に『間違い探しのゲーム』と書いたまま、ほとんど息もせ

◎比較認識法は違う箇所だけ見る方法◎

ずに、私を丸い目で見つめている。

「しかし、左右の間違いの箇所を五つ探して、左右の違いをしっかりと認識できた後に、右の絵だけを出されて、『左の絵はこの絵とどこが違いましたか？』と問われたら、なんとなく左の絵の特徴を思い出せるでしょ？　これが『比較認識法』なのです」

「つまり、左の絵を丸覚えしようとするのではなく、『左の絵は、右の絵とココとココが違っている』というように比較して認識していくということですね」

うまく、相川さんがまとめてくれた。

「さすが、相川さん。頭の回転が速いですね。それが、**暗記力に頼らず、『比較』して『認識』する**『比較認識法』なのです」

「『比較認識法』をマスターすれば、『ゴロあわせ』をしなくても、必要な知識を押さえられるということですね」

レポート用紙に『比較認識法は暗記法』と大きく書きながら、坊田さんが言った。

「いや～、『比較認識法』って奥が深いですね。それを先生が提唱されているとは、なんかドキドキものです」

「まだまだ無名の『マイナー太朗』ですから（笑）、坊田さんが来年合格して私の『比較認識法』を一緒に広めてくださいね」

私は、そう言って坊田さんの肩を叩いた。

☀直前期こそ、インプット中心に

「先生、今日の【考える合格法】研究会は、『比較認識法で記憶を定着させよう』ということで、おしまいですか？」

冗談っぽく、相川さんが聞いてきた。

「いや、これからが本番です。『スケジュールの役割分担』について、二人にしっかり考えてもらいたいのです」

「先生が以前のガイダンスで言われてましたよね。正直『スケジュールの役割分担』と言われても、まだピンと来てないんですよね」

「大丈夫です。いまから、具体的にイメージしてもらいます。まず、一般的な勉強法を考えてみましょう。どの資格学校の講座スケジュールも同じですが、講義中心の基礎期、答練中心の直前期の大きく二つに分かれますね。坊田さん、この基礎期には、どんな勉強をしなければならないと思いますか？」

「基礎期には、インプット中心の勉強です。つまり、講義の進行に合わせてテキストを読んで予習・復習をしなければなりません。もちろん、過去問等の問題もなるべく早い段階から、解くようにしていかなければなりません」

「すごい！『一般的な勉強法』を語らせたら、坊田さんは完璧ですね（笑）。では、直前期は、どうですか？」

「直前期は、アウトプット中心の勉強です。つまり、答練に合わせて、できるだけ問題を多く解いて、実践力を養成していきます」

「坊田さん、直前期にはテキストを読まないのですか？」

「いや、もちろん、テキストもしっかりと読まないといけません。答練の準備のためでたくさん解きながら、答練を受ける。直前期には、テキストをしっかりと読みながら、問題もたくさん解きながら、答練を受ける。坊田さん、答練の復習もありますけど、どうします？」

「もちろん、答練の復習もしっかりとやります……」

「あっ、それから、直前期には法改正等の特別の講義もありますよ」

「それも、やります……」

隣で見ているだけでも、坊田さんの答弁は詰まってきた。

「坊田さん、直前期は忙しいですね。それって、本当にできますか？」

「これをすべてやらないと合格できないのです……」

下を向いて途切れそうな声で、坊田さんは言った。私と坊田さんのやり取りを、相川さんは横でニコニコしながら聞いている。

「ごめんなさい、坊田さん。少し、意地悪で聞いたのは、一般的な勉強法の問題点をしっかりと認識してもらうためだったのです。いま、坊田さんが言った一般的な勉強法は、直前期に膨大に勉強時間が取れる人でないと、基本的に不可能だということが簡単に想像できると思います。今度は、相川さんに聞きますが、直前期に何を一番やらないといけないと思いますか？」

「直前期には、耕されたテキストをしっかり読み込んで、知識の穴を少なくすることです」

「そう、そうなんです。一般的な勉強法では、このテキストの読み込みがどうしても、後回しになりがちです。ですから、嫌味っぽく、『**一般的な勉強法だと、基礎期に予習・復習で読んだテキストはほとんど忘れていて、直前期に繰り返した過去問や問題集の知識だけで本試験を受験しているようなものだ**』と言ったりします（笑）」

「あっ、それって、イメージしやすい（笑）」

笑顔で相川さんが言葉をはさんだ。坊田さんは、眉間《みけん》に皺《しわ》を寄せて腕を組んでいる。

「では、先生はどうしたらいいと考えているのですか？」

☀「一般的な勉強法」の逆をやれ！

「ズバリ言うと、一般的な勉強法と正反対のこと、つまり、まったく逆のことをすればいいと思っています」

「えぇ〜、一般的な勉強法とまったく逆ですか？」

「そうです。つまり、**前半の基礎期にこそアウトプット中心の勉強を、直前期にはインプット中心の勉強をすべきだ**と考えているのです」

「先生、もっと具体的に教えてください」

組んでいた腕をほどいて、坊田さんはペンを持った。

「**まず基礎期には、講義を受講後、すぐに復習として問題集をやる**のです。これは前にも坊田さんに『問題集を五〜十回繰り返して勉強する方法』として言いましたよね。もちろん、最初の段階では正解できなくて当たり前です。**『きょうの講義で学んだところは、実際の問題ではどのように問われているんだろうか？』**と気楽な気持ちでやってみてください。その後、すぐに解答を見て、テキストの該当箇所を探し出し、『テキストを耕す』のです。それなら時間は掛かりません。もし時間が余れば、『繰り返しの魔法』によって毎日でも問題を繰り返していくのです」

「基礎期には、テキストは読まないのですか？」

必死にレポート用紙に書きながら、丸い目だけを坊田さんはこちらに向けた。

「基礎期においては、テキストの読み込みは優先順位で言うと、一番最後です。どうせ、中途半端にテキストを読んでも、数ヶ月したらキレイに忘れてますから（笑）」

「では、直前期はどうするんですか？」

「もちろん、耕されたテキストを答練に合わせて、しっかりと読み込んでいきます。この**直前期のテキストの読み込みにいかに時間を取ることできるかが、『記憶定着』には何より大切**だと思っています」

「直前期に問題をやらないと、問題の感覚を忘れてしまうのではないですか？」

「学校では、直前期になれば答練ばかりを解くわけですから、そんな心配をする必要はありません。しかも、**テキストの余白に問題のポイントが『比較認識法』で端的に書き込んであれば、テキストを読むだけで問題集の復習も同時にしていることになる**はずです」

「あっ、わかりました。基礎期において、問題を集中的に解くことで比較認識ポイントが明確に把握できて、それをテキストに書き込んでおいて、直前期になったら一気に覚えていくということですね」

相川さんの目が、輝いている。

「その通りです。私が提唱している『スケジュールの役割分担』とは、基礎期と直前期のそれぞれで、マスターすべきことを明確にしようということです。この役割分担が明確でなければ、どうしても効率的な勉強にはならないと思います」

◎一般的な勉強法ＶＳ超速太朗式勉強法の違い◎

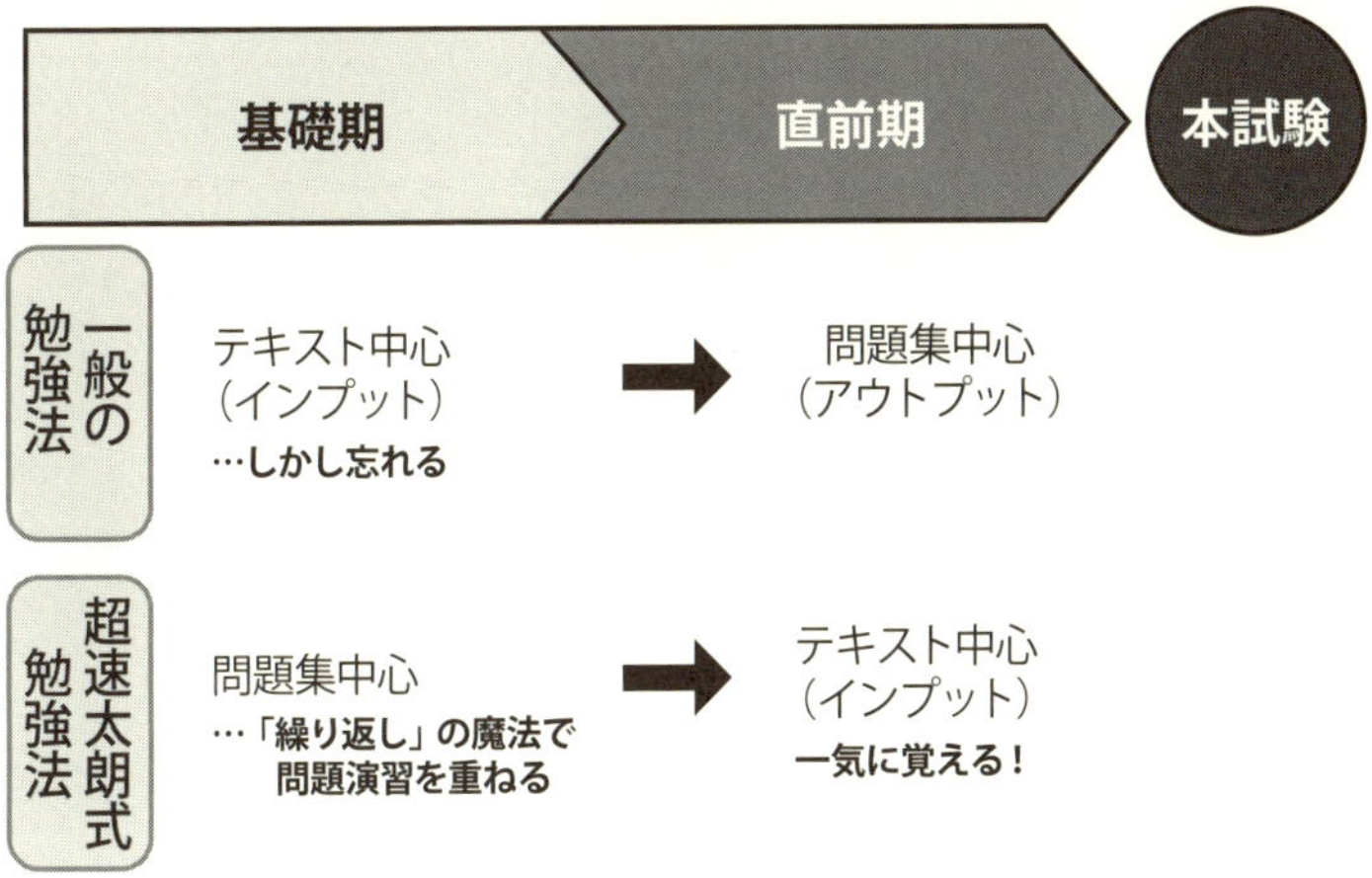

「つまり、先生の言われているのは、基礎期にはとにかく問題を徹底的に繰り返して、直前期にはテキストを繰り返し読み込む、ということですね」

レポート用紙に目を落としたまま、坊田さんが答えた。

「そうです。基礎期に『繰り返しの魔法』を使って繰り返した問題は、数ヶ月経って忘れているようでも、問題を見ればどこがポイントだったのかが思い出せるものです。これに対して、テキストを読んで得ただけの知識では、数ヶ月経ったら全部忘れてしまうのです」

「だから、基礎期にはアウトプット中心、直前期にはインプット中心なのですね」

彼の表情も、だいぶ明るくなってきた。

☀テキストの読み込みのコツ

「先生、今日も本当に参考になる話で、私の学習スケジュールもさらに軌道修正していけそうです。ありがとうございました」

こう言って、坊田さんはレポート用紙を閉じようとした。

「ちょっと待ってください。話はまだ終わっていませんよ。直前期におけるテキストの読み込みのコツについても、いまのうちに少しイメージを持っておいてほしいですから」

「テキストの読み込みにも、コツがあるのですか？」

「そうです。坊田さんは、直前期にはテキストをどのように読み込んでいったらいいと思いますか？」

「それは直前期ですから、できるだけ知識に洩れがないように、熟読するのが一番だと思いますが、違いますか？」

「私は、坊田さんの考えとはまったく逆なんですよ。つまり、できるだけ早く読んでいった方がいいと思っています」

「えっ、それはどういうことですか？」

「坊田さん、『記憶のレベルは、繰り返しの数に比例する』と言う原則を覚えていますか？　実は、あの原則はテキストの読み込みにおいても適用されるのです」

「あ〜、覚えてますよ。でも、具体的に説明してください」

「たとえば、一回目は、講義中の板書された部分を中心に確認していきます。これが、一番重要ですからね。二回目は、テキストの本文で色をつけている箇所を中心に確認していきます。三回目は、テキストで色をつけていない箇所を中心に読んでいくような感じです」

「『**一冊のテキストを六時間かけて一回読むよりも、二時間ずつ三回読んだ方が効果的！**』と去年の直前期によく言われてましたよね」

目を細めながら、相川さんが言った。

「イメージで言うと、**テキストの中で一番重要な骨の部分を固めておいてから、テキストの読み込みを繰り返す度に、骨の周りから肉づけしていく**ような感じ

◎骨の周りから肉を太くする◎

です。これも三角形のトップダウン勉強法ですよ」

「これも、先生独特の言い回しですね（笑）」

「別の表現をすれば、最初に基礎期において問題集から得た知識は、言わば『点』です。その一つ一つの『点』を基礎期の間に『テキストを耕す』ことによって、『点』をつなげて『線』にして、さらに直前期にテキストを読み込むことで『線』から『面』に広げていくのです」

「そういえば、これまではよく、テキストの最後まで読めずに答練を受けてましたよ。問題集だけでなく、テキストの読み込みでも、『繰り返しの魔法』は使えるのですね」

「そうです。別に、時間をかけた熟読が悪いわけではありませんが、時間がなくて最後まで読めないということは、絶対に避けたいところです。マークシート方式においては、正確に覚えていなくても、テキストの該当箇所を少しでも目を通していたなら、正解できる問題というのは案外多いですからね」

「先生の言われる通りです」

相川さんと坊田さんが、お互いの顔を見ながら頷いた。

「もうそろそろ、いい時間ですね。今日は、これくらいにしましょう」

◎『記憶定着』について考える三つのポイント◎

1. 『比較認識法』は、効果的な暗記法
2. 直前期こそ、インプット中心に
3. テキスト読み込みは熟読よりも、回数で勝負する

第６章 『自己管理』の技術を磨く——自己宣言ノート

☀「思い」を形にする

普段は、時間ギリギリまで自習室で勉強している相川さんが、珍しく土曜日の講義が終わる前から教室を覗き込んでいる。ただ、私はその理由は、大体察しがついている。

「先生、届きましたよ」

講義が終わってから、すぐに飛び込んできた相川さんに、講義に参加していた坊田さんも、驚いて振り返った。相川さんは、ブランド物の黒のトートバックの中から合格証書を大切そうに取り出して教壇の上に置いた。そして、ていねいにお辞儀をしながら、言った。

「先生のおかげで、合格できました。本当に、ありがとうございます」

私は、すぐには何も言えず、ずっと合格証書に書いてある相川さんの名前を見つめていた。横で、坊田さんもその合格証書をじっと見ている。最初のガイダンス時の少し生意気だった相川さんの様子が脳裏に蘇った。胸が熱くなってくる。「この瞬間のために、自分は仕事をしている」と改めてそう思った。私は、坊田さんの肩を叩いてから、相川さんに心から「おめでとう」と言った。

「先生、来年は私の番ですから」

そう言ってから、坊田さんは机のセッティングを始めた。とても嬉しかった。

「よし！　いよいよ、今日がこの【考える合格法】研究会の最後のテーマです。なんか、毎回言っているような感じですが、本当に今回が一番重要なテーマかもしれません」

「うひゃ〜、先生、それは今日も大いに期待しちゃいますよ。でも、正直私は、『自己管理』はしっかりできていると思うんですけど」

「坊田さんの考える『自己管理』とは、どんなことですか？」

「毎日の勉強時間と使ったお金を管理することです。私はしっかり記録していますから、いままでに勉強した時間と投資した費用をすぐに言えますよ」

「ふ～ん、ちょっと質問なのですが、その記録は何のためにやっているのですか？」

「自分が投資した時間とお金を正確に知るためです。最近では、その記録をブログで公開している人も多いんですよ」

「まさか、人に自慢するために記録しているんですか？」

「いや、そういうわけではありませんが、時間もお金もたくさん投資したことを実感できれば、最後まで投げ出さずに勉強を続けられると思いますよ」

「相川さんは、このことについてどう思いますか？」

「私は、そんな記録はつけていませんでした。お金も最初の講座費用と問題集代くらいですし、勉強時間も毎日同じくらいなので変わりがありませんから」

「そうですね。勉強時間を記録したり、お金を記録したりしていると、どうしてもたくさんの勉強時間を確保したり、たくさんのお金を使った人が偉いような錯覚を起こしてしまいそうですね（笑）。でも、本当に短期間で合格している人は、そういうことをしなくても、サクッと合格しているかもしれません」

「え～、では、先生は毎日の記録をつけることには反対なのですか？」

「もちろん、勉強時間とお金の記録をつけることもいいと思いますが、もっとお勧めしたい方法があるんです」

「何を記録するというのですか？」

「**毎日の勉強の開始時の気持ちや勉強しているときに、ふと思い浮かんだ言葉などをノートに書き留めておく**ことです。別に、『絶対に合格する』というような毎日同じ言葉でも構いません。毎日の合格に対する決意を紙に書いて、形で残しておくことです」

「そうすれば、どんないいことがあるのですか？」

「アファーメーションの効果があるんです。日本語で言うと、『自己宣言』です。**毎日、願望を繰り返し唱えていく**ことによって、自分の潜在意識に焼き付けていくのです。しかも、それを紙に残しておけば、それを読み返すだけで、すぐに自分自身のモチベーションのアップも期待できます」

「なるほど、面白そうですね。これもさっそく、明日から実践してみますね」

レポート用紙に坊田さんは、嬉しそうに『自己宣言ノートを作る』と書き込んだ。

「アファーメーションには、なるべく短くて、かつ積極的な言葉を使ってくださいね。たとえば、『絶対にあきらめない』ではなくて、『絶対に合格する』等の言葉を使ってください」

「あっ、これも絶対に忘れないようにしないといけませんね」

「いえ、『絶対に忘れない』ではなく、『絶対に覚えておく』ようにしてください（笑）」

☀ 軌道修正こそ、重要だ！

「私は、『自己管理』と言えば、学習計画づくりのことだと思っていました」

合格証書を大切にトートバックの中にしまってから、相川さんが話し出した。

「確かに、『自己管理』と言えば、学習計画づくりをイメージする人が多いですね。もちろん、それでもいいのです。しかし、受験生はみんな学習計画を立てることは好きですよね（笑）」

「そう言われてみれば、その通りかもしれません。計画も実行しなければ、実力はつきませんからね」

「そうですね。実行しなければ意味がないです。しかし、相川さん、実行することより大切なことがあると思うのですが、何だと思いますか？」

「え～、実行すること以上に大切なことって、あるんですか？」

相川さんも、坊田さんの顔を見ながら首を傾げた。

「それは、『軌道修正』をすることです」

「先生が、最初のガイダンスのときに言われていた『誘導ミサイル』の話ですね？」

「坊田さん、そうです。どんなに完璧に戦略や戦術を練って学習計画を立てても、実践してみて初めて気づくことや、自分を取り巻く外部環境が絶対に変化していくわけですから、誰でも最初の計画通りに真っすぐに平坦な道を走り続けることは難しいのです。だからこそ、私は『軌道修正』の重要性をもっと受験生に意識してほしいと考えています」

「でも、先生、よく『あまり勉強法をコロコロ変えては合格できない』と言われますよね？」

　このときばかりは、坊田さんも自信ありげに言った。

「それは、『優柔不断はいけない』ということです。『優柔不断』と『軌道修正』は、正反対の概念と考えてもらってもいいと思います。この二つの違いがわかりますか？」

「え〜、目的意識の違いですか？『優柔不断』は目的意識がなくて、『軌道修正』には目的意識があるのではないですか？」

「う〜ん、いいことに気づいていますが、ただ、『優柔不断』に勉強法を変える人も当然、合格するために変えているつもりですよね？　ですから、もっと明確に両者の違いを考えてみるといいでしょう」

「？？？」

二人とも、お互いの顔を見ながら考えている。

「坊田さんも、相川さんも、『ＰＬＡＮ＝ＤＯ＝ＳＥＥ』と言う言葉を知っていると思います。ＰＬＡＮは計画、ＤＯは実行、ＳＥＥは確認です。『優柔不断』な勉強とは、ただ『ＰＬＡＮ⇅ＤＯ』の繰り返しなのだろうと思います。これに対して、『軌道修正』の勉強とは、キチンと『ＰＬＡＮ→ＤＯ→ＳＥＥ』のサイクルが機能している状態です」

「つまり、先生は『優柔不断』な勉強には、『ＳＥＥがない』と言いたいのですね」

しっかりメモを取りながら、坊田さんはレポート用紙を見つめながら言った。

「そうです。**学習計画を立てることより**、実際に実行できたことをしっかりと把握して、そこから、**より効率的に、より現実的に、戦略や戦術を練り直す**ことの方がずっと大切だということです。短期間で合格できる人は、間違いなくこの能力に優れていると思います」

「なかなか、耳の痛い話です（笑）」

頭をかく坊田さんを見ながら、相川さんは言った。

「私は、先生がしきりに『我々は誘導ミサイルなんだ』と言っていることが、少し理解できたような気がします」

☀ 日付をつける習慣を身につけよう

「ちょっと、話が抽象的かもしれません。私が考えている『軌道修正』とは、それほど大袈裟ことではないんですよ。具体的に考えてみましょう。坊田さん、いま使っている問題集を一冊出してみてください」

「はい。昨年から使っているものですが」

一冊の『一問一答式』の過去問題集を坊田さんが手渡してくれた。その過去問題集は、各問題の前に、□□□というチェック欄が三つ並んでいる。そのチェック欄にチェックの入っている問題と入っていない問題もあり、またチェックの数も問題によってバラバラになっていた。

「坊田さん、このチェックは、どのように入れているのですか?」

「正解できた問題にチェックを入れるようにしています。三つのチェックが入った問題は、もう繰り返さないようにしています」

「一般的なやり方ですね。しかし、そのやり方に疑問を持ったことはないですか?」

「疑問というか、先生が言われた『繰り返しの魔法』を実践していくときに、この問題を何回解いたのか？　その回数がわからないと思いました」

「それなら、その解決策は考えましたか？」

「いいえ。特に考えたことはなかったです」

「そこが、私の言う『軌道修正』なのです。坊田さんのやり方には、私は二つの問題点があると思います。一つは、坊田さんも感じているように、結局、この問題を何回解いたのかがわかりませんね。もう一つは、この問題を前回解いたのがいつなのか、これもわかりません」

「確かに言われてみればそうですが、でもどうしたらいいのでしょうか？」

「問題を解くごとに、問題の上に日付を入れて、日付の下に正解だったら○、不正解だったら×を書いていくのです」

「ふ〜ん、でも何かピンと来ないのですが……」

「私の言っているやり方だと、一つひとつの問題で実際に解いた日付、正解できた回数と不正解の回数がしっかりと把握できます。よく最初のうちは正解できたのに、少し時間をあけてやってみると間違える問題などがすぐにわかりますね」

問題集のチェックマーク（□□□）の使い方
（１）日付を入れる
（２）正解なら○、不正解なら×
……正解の回数、不正解の回数を把握できる

「あっ、そういう問題は重要ですよね。初めはわかったように思っていたけど、実はわかっていない問題とかは、僕の場合、結構ありますから」

「そう。ですから、坊田さんのやり方から私の提案するやり方に変えてみるだけで、ずいぶんと学習効率が上がるのではないでしょうか？」

「なるほど！　こうしたことが『軌道修正』なんですね。とにかくＳＥＥが重要なのですね。でも、自分ではなかなか気づけないよな～」

「自分で考えていく習慣を大切にして、その気づきをすぐに実践の中で活かして努力を続けていくしかないですね。その姿勢こそが私の呼んでいる【考える合格法】なんです」

「初めて、【考える合格法】の意味が少しわかったような気がします（笑）。自分で、自分のやり方を修正していくんですね」

「それでいいんですよ（笑）。【考える合格法】は奥が深いので、少しづつ実践の中で気づいていってもらえれば。ただ、いま提案した『日付をつけること』はぜひとも習慣にしてください。とても簡単なことですが、驚くほど、相乗効果がありますから」

☀「ケアレスミス」で終わらせない対策

「先生、問題のことが話に出たので、ついでに聞きたいのですが、『ケアレスミス』をなくすための秘策などがあれば教えてほしいのです」

坊田さんが続けて質問してきた。

「まずは、どのレベルのミスを『ケアレスミス』と呼ぶかが非常に重要な問題です。実は、これは受験生によってさまざまだと感じています。相川さんは、どんなことが『ケアレスミス』だと思っていますか？」

「私は、マークシートへの転記ミス等が『ケアレスミス』だと思っていました」

「坊田さんは、どうですか？」

「僕は、転記ミス等はもちろんですが、解答を見たときにわかっていたポイント等があれば、すべて『ケアレスミス』だと思っていました」

「それが、『ケアレスミス』なら、坊田さんのようなベテラン受験生が間違えることは、ほとんどが『ケアレスミス』ではないですか？」

「いや、実はそうなんです（笑）」

少し照れくさそうに、坊田さんが下を向いた。

「まず、最大の問題は『ケアレスミス』を注意力不足が原因のイージーミス……という認識をなくすことです。坊田さんのような、ある程度以上、すでに勉強した人が間違える問題は、ほとんどが『ケアレスミス』なんです。だからこそ、**『ケアレスミス』に対して、いかに自分で『軌道修正』をかけていくか、**が求められているのです。

試験というのは、初めて見た問題を間違えない人が合格しているのではなくて、**同じ間違いを繰り返さない人が合格している**のです。ですから、『ケアレスミス』を『ケアレスミス』で終わらせないことが、我々の行なうべき勉強なのです」

「言われてみれば、間違えた問題は『ケアレスミス』ということで自分で納得していて、その対策なんて考えたことがなかった気がします……」

そう言った後、坊田さんは腕を組んで『う～ん』と唸ってしまった。

「坊田さん、心配しないでください。坊田さんはもう、この『ケアレスミス』に対する『軌道修正』の方法を知っているのですよ」

「えっ？」

「その答えこそ、『比較認識法』なんです。『比較認識法』は、私が資格試験の受験時代に『ケアレスミス』を『ケアレスミス』で終わらせずに、引っ掛けられたポイントを問題文を読んだときに思い出せるような『情報整理』の手法はないかと、試行錯誤して考案したものです。ですから、**『ケアレスミス』をしてしまったポイントを『比較認識法』の視点で考えて、比較認識ポイントを見つけてやればいい**のです。そして、それを『テキストを耕し』て、直前期に『繰り返しの魔法』を使ってテキストを集中的に読み込むことで、二度と同じ間違いを繰り返さないことです」

「すべてつながっていますね」

「そう、すべてはつながっていて、深く理解すればするほど、真実はシンプルなんです」

「先生、その言葉は素敵ですね。私も先生の言われることをわかっているような気になっていましたけど、まだまだ全然理解していなかったことがわかりました。先生から学んだことを、ぜひ今度の試験にも応用して、絶対に合格してみせますね」

◎「考える合格法」の技術はすべてつながっている◎

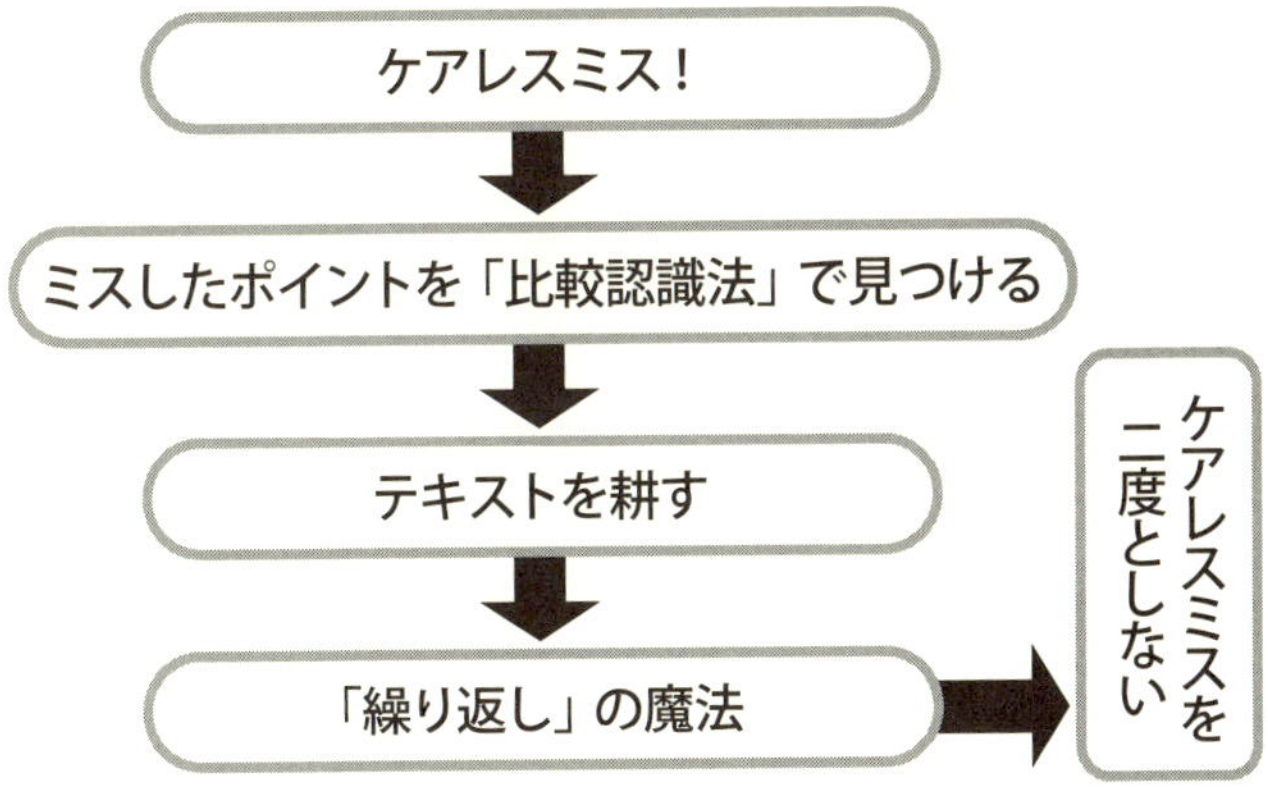
ケアレスミス！
ミスしたポイントを「比較認識法」で見つける
テキストを耕す
「繰り返し」の魔法
ケアレスミスを二度としない

「相川さんなら、きっと大丈夫ですよ」

私が時計を見ると同時に、坊田さんも腕時計を見て言った。

「あ～、もう時間ですね。この【考える合格法】研究会は、本当に勉強になりました。これで、終わりですよね？　なんか、ずっと続けてほしいですね」

相川さんも、隣で頷いている。

「いままでこの研究会で考えたことは、私の提唱する【考える合格法】の一部に過ぎません。まずは、これまで話をした中身をしっかりと自分のものにすることですね。私の方は、お役に立てるようでしたら、この【考える合格法】研究会をいつでも、どこでも、やる準備はありますから」

◎『自己管理』について考える三つのポイント◎

1. 『自己宣言ノート』を作ってみよう
2. 『軌道修正』こそ、重要だ！
3. 問題を解くとき、
日付をつける習慣を身につけよう

メンタル編

「合格運」を確実に引き寄せる超心理術

第１章

デキる受験生は皆、「クールに、メラメラ！」

☀ メラメラ燃え上がる熱い思い

毎年多くの受験生を見てくると、**「デキる受験生」には、ひとつの特徴がある**ことがわかる。そのモデルを私なりに表現したのが【クールに、メラメラ！】（略して【クーメラ】）だ。**頭の中ではクールに戦略的思考を持ちつつも、心は常にメラメラ！**と燃えている……。そうでないと、地道な努力は続けられない。

この【クーメラ】が、ずっと私のブログの題名にもなっていて、そこでは、実際の受講生にアドバイスしたテーマなどを書き綴っていた。毎日、私のメラメラ燃え上がる熱い思いを、できるだけクールな文体で簡潔に表現している。

同じテーマであっても表現や視点を変えて伝えると、人によって心に届くことが違うことを知っている。だから、いくら書いていてもネタに困らない。その中で、私のアドバイスの根っこの部分を構成している三つの考え方について紹介したい。

頑張らなくていい、結果だけ出せばいい！

いまから十年以上前に、私は約三年間のサラリーマン生活に別れを告げ、独立してさまざまな事業を始めた。やる気満々の当時の私は、ある先輩からこんな言葉をかけられていた。


「よ〜し、これから頑張るぞ」

「太朗、決して頑張らなくていいんだよ」

「えっ、頑張らなくていいんですか？」

「うん、**頑張らなくていいよ。結果さえ出せればいいんだから**」

「…………」


この時から、右の会話はずっと私の心の中にあって、苦しいときや迷っているときの大きな判断基準になっている。

よく「仕事は、結果がすべて」と言われるが、試験の世界ほど、その結果が客観的にわかるものはない。スポーツの世界と同じである。考えてみると、試験があるから、努力が正当に評価されてやりがいにつながる。試験がない勉強は、甲子園という目標がない高校球児と同じである。上達する意欲が出てこない。

だからこそ、競争を楽しもう。スポーツに必ずルールがあるように、試験にも客観的な基準がある。だから、楽しい。


社会人が「勉強したい」と思える時期は、そう多くない。あなたが現在、自発的に資格試験に挑戦しようと考えたということは、いまのあなたにその試験を突破できる力があるということだ。それを信じて、結果にトコトンこだわって楽しもう。

プロセスにこそ、価値がある

考えてみてほしい。たとえば、百万円出したら、誰でも取得できる資格があるとする。あなたは、そんな形で資格を取得した人に対し、何か仕事を依頼したいだろうか？

こうして考えていくと、資格取得の価値はそのプロセスにあると言っても過言ではない。「結果にこだわる」と言っておきながら、「プロセスを大切にせよ」と言うのは矛盾するようだが、決して矛盾することではない。逆に、「結果にこだわる」からこそ、そのプロセスをしっかりと見つめることができる。

勉強という行為自体は机に向かうだけで、スポーツのような華やかで、爽《さわ》やかなイメージはない。しかし、一つのことに集中するからこそ、それまで見えていなかったさまざまな障害や自分の弱さが見えてくる。それは、スポーツと同じである。

このように考えてみると、勉強の本質とは、「自分で目標を定めて、自分で乗り越えていく力をつけていくことにある」と言える。もちろん、資格試験に合格するだけですべてが解決するわけではない。しかし、試験に合格するまでにあなたが経験するプロセスを通して得られるものの方が、その資格取得自体より、ずっと今後のあなたの力になると思う。

☀本当の自信をもつ

私は資格学校の講師であるから、「受講生にできるだけ早く合格してもらう」ことに最大の価値をおいている。しかし、合格する人の数が、合格しない人よりも圧倒的に少ないのが、この世界の現実である。しかも、合格だけがすべてではないし、人にはそれぞれその人が持っている時機というものがある。私がその良い例だ。

二十一歳〜二十三歳……三年連続、司法試験不合格
二十四歳〜二十六歳……三年連続、松下政経塾失敗
二十六歳〜二十九歳……合計三度、ビジネスに失敗

とにかく、二十代は何をやっても思うようにはいかなかった。でも、現在もこうして仕事をし、常に「自分らしさ」を追求できている。だからこそ、合格至上主義者にはなれないし、合格者＝成功者だとも思っていない。**大切なのは、一人ひとりが試験を通して、「本当の自信」を持つこと**だと思う。

本当の自信とは、合格によってしか得られないわけではない。合格ではなく、自分のすべてを受け入れ、１００％、自分自身を信じてあげることだ。

あなたは、一生「あなた」としてしか生きられない。あなたが自分を信じられなかったら、誰があなたのことを信じてくれるだろうか？

もちろん、本当のあなたのことはあなたが一番良く知っている。だからこそ、信じられる自分をつくるためにも、「日々の努力」を怠ってはいけない。あなたが一番に守るべきは、「自分との約束」である。

人生の花の咲く時期は、人によってさまざまだ。合格を信じるのではなくて、自分自身のことを信じてあげてほしい。そうすれば、きっと、誰でも自分だけの花を咲かせることができると信じている。これが、私の最も伝えたいメッセージだ。

第２章

「三つの恐怖」が合格を遠ざける

頭の中では、「どのように勉強したらいいのか?」がわかっていても、なかなかその通りに実行することができない人間がいる。私は、そんな受験生を目の前で数多く見てきて、その根本原因として**「三つの恐怖」が存在する**ことに気がついた。

１００％の確信を持った勉強法を探しているあなたが、まずなすべきことは、この三つの恐怖があなたの勉強法に与えている悪影響を自覚し、その対処法を真正面から考えていくことだ。

☀「まだ理解していないことがある」という恐怖

とかくベテラン受験生になってくると、自分の勉強の努力が試験で正当に評価されていない原因は、**「まだ自分が理解しなければいけないことが多数残っていることにある」と考えてしまう**ことだ。そして、その合格に必要な理解を追い求める姿勢が、いつしか「知らない知識を追い求めること」に変わってしまうことが多い。

新しい資格学校、新しい教材、新しい講師、新しい勉強法……すべて新しいものを次から次へと追い求める受験生の共通の恐怖が、この「理解していないことがある」という恐怖だ。

この恐怖を呼び込む最大の問題点は、アウトプットの勉強を極力避ける傾向にあることだ。意識的に避けているものだから、アウトプットの力はいつまで経っても上達しない。見て見ぬふりをしている。そのため、ますますこの恐怖が大きくなっていく。

この恐怖を自覚した人は、まずこの恐怖自体が「幻想に過ぎない」ということを知らなければならない。それぞれの**資格学校が提供している教材、講義などをマスターして合格できないわけがない**。現実に合格している人は、たくさん存在しているのだ。

合格できていない人は、第2編（戦術編）で述べた、「理解」ではなく、情報を整理する「作業」、記憶を定着する「作業」が足らないだけだ。この点に気づかなければ、毎年同じことの繰り返しだ。

あなたが合格するための決定的な要因は、あなたの外側にあるのではなく、あなたの内側に存在している。

☀「忘れてしまうこと」への恐怖

勉強が進むにつれて、どうしても前に勉強した科目が気になりだす。忘れている気がして、少し振り返って問題を解いてみる。やっぱり忘れていて不安になる……。

こんな経験は、あなたにもないだろうか？

この恐怖に耐えられなくなった人は、まだ実力も充分についていない段階から、複数の科目を並行して勉強していく、「つまみぐい」式の勉強法をとりたがる。「つまみぐい」のような勉強を何年続けても、合格レベルの理解・定着には届かない。いくら机上論で完璧な計画を立てても、それは現実的には成り立たないことが多い。

この恐怖に悩んでいる人は、「自分は歳をとってしまう」と悩んでいるようなものだ。人は忘れる生き物だ。逆に、忘れなかったら進歩はない。

辛《つら》い失敗や経験も、忘れることができるから前に進めるのだ。人は疲れきった昨日を忘れられるから、また「新しい今日」が待っているのである。忘れること自体が、いけないことではない。逆に、忘れることを恐れて、覚える努力を怠っていないだろうか？**忘れないように計画を立てるのではなく、忘れることを前提に計画を練り直す**ことの方が、よっぽど現実的だ。そのことに同感できる人は、もう一度、この本の『戦略編』と『戦術編』を読み返してほしい。すべてが忘れることを前提にプランが組み立てられていることに気づくはずだ。

「失敗できない」という恐怖

夢に向かって一生懸命努力すればするほど、失敗に対する恐怖心は大きくなる。この失敗に対する恐怖は、誰でも持っている自然な感情だ。しかし、この恐怖への対策を怠ったまま努力を続けていると、ブレーキを踏んだままアクセルを吹かしているクルマのようなもので、いずれ故障してしまう。

残念ながら、失敗を避けて通る完全なる秘策はこの世には存在しない。しかし、あなたの失敗に対する認識を変えることはできる。私自身の経験からも、多くの偉人の歴史からも、失敗に関して次のことが断言できる。

・失敗が永続するものではなく、ただ軌道修正を求めているだけのもの
・常に模索しながら、自分が求められている世界で生きていく大切さ
・多くの成功者が失敗しながら、成功の方法を学んでいった事実

こうした認識をしっかりと持っていると、一時的な失敗はまったく気にならなくなってくるはずだ。

考えてみれば、希望と失望は表裏一体の関係である。だから、何も努力しない人には失望もありえない。夢を実現していくためには、何度も、何度も、この失望を乗り越えていかなくてはならない。

この失望に対して、どう対処していくかが、その人の真価が問われるときだと思う。失望に打ち勝つ強さこそ、あなたの夢実現のパワーの大きさだ。失敗できないことへの恐怖は、失敗してもそれを乗り越えていく決意と覚悟を持つことによってのみ、消し去ることができるはずだ。

メンタル編

▼「合格運」を確実に引き寄せる超心理術

第3章
運を引き寄せる「三つの習慣」

「小さな達成感」を大切にする

「運」という言葉は、合格者が使う言葉であって、受験生が使う言葉ではないと思う。

「あの人は運が良かったから、合格した」

「私は、運が悪くて落ちた」

こうした考えは、戦略的な思考を一切排除してしまう「いいわけ」にすぎない。「運」という言葉は、受験生のときには使わず、合格してから「私は運が良かった」と謙虚になれる人がカッコいい。ただ、「運」が試験の合否に影響しているのは否定できないので、受験生の段階では、「いかに運をつけるか?」を考えることは有益だと思う。

いま、あなたが挑戦している資格試験に合格したときのことを想像してほしい。大きな達成感を感じているあなたが笑っている場面を想像できるはずだ。

でも、ちょっと考えてみてほしい。合格者になったから、初めて達成感を感じることができたのだろうか?

いや、そうではないはずだ。合格は、宝くじに当たるようにある日突然やってくるものではない。合格するためには、たとえば直前期の答練や模試で好成績をとり、少しずつ自信を深めていったあなたがいるはずだ。あなたはそのたびに、ある種の達成感を感じながら、しだいに勉強に夢中になっていく姿があるに違いない。このことに着目してほしい。

資格試験の受験生は、向上心が強く、真面目で自分に厳しい人が多いと思う。そうした人は、とかく自分に足らないこと、できなかったことに意識を向けてしまう。これでは、自分がドンドン萎縮《いしゅく》してしまい運も向いてこない。

運のいい人は、何をやっても運がいいし、運の悪い人は何をやっても運が悪い。運には、平等意識はまったくない。ただ、**運は達成感が大好き**なのだ。達成感を知っている人に運は自然にすり寄っていく。そして、ますます、その人の達成を後押ししようとするのだ。

だから、あなたには「達成感」を大切にしてもらいたいと思う。この達成感というのは、別に大きな成功のことを言っているのではない。どんな小さなことでも、あなたがそれを達成したことに意識してやることができるかがポイントなのだ。

一科目の勉強が終われば、達成感！
一ヶ月の学習スケジュールがこなせたら、達成感！
毎日の勉強の計画が達成できれば、達成感！

そして、その達成を祝うために、何でもいいので、自分にご褒美《ほうび》を用意してあげるといいだろう。これも、どんな小さなご褒美でも構わない。好きな曲を一曲聴くことでも、好きなシナモンケーキを食べることでも、お茶を飲むことでも、何でもいい。

小さな達成感を大切にできる人は、徐々に大きな達成感を味わうことができるはずだ。

☀「感謝する気持ち」を忘れない

甲子園の開幕の選手宣誓で必ず使われる言葉、成功者や合格者が必ず口にする言葉、その言葉が「感謝」だ。

あなたが、勝利の女神になったつもりで考えてほしい。いまここに、同じ実力の二人の受験生がいるとする。一方は、感謝する気持ちを忘れず、あなたが手を差し伸べれば、心から感謝することがわかっている受験生。もう一方は、感謝する気持ちをまったく持たず、あなたが手を差し伸べても、感謝の言葉一つすら言わないことがわかっている受験生。

あなたが勝利の女神であるとしたら、あなたは、どちらの受験生に微笑むだろうか？

考えてみれば、学生であっても社会人であっても、資格試験に挑戦できる環境にいること自体、恵まれた状態である。世間には、さまざまな事情から勉強したくてもできない人が大勢いる。自分の夢に向かって努力を続けられるあなたには、その段階で、すでに感謝すべきことが山ほどあるはずだ。

何事においても感謝の気持ちを持つことは、達成感と同種のエネルギーが体に流れる。小さな達成感の積み重ねが、大きな達成感を引き寄せるように、**感謝の気持ちを持ち続けられる人には、感謝できる現実が引き寄せられてくる。**

だからこそ、その感謝の気持ちをあらゆることに持つことを忘れないでほしい。その感謝の気持ちを頭の中で思うだけでなく、言葉や態度に表わすことができれば、さらに感謝できる現実が引き寄せられてくる。

運の強い人が自然に身につけているこの習慣を、ぜひあなたの習慣にもしてほしい。

☀常に「ベストを尽くす」

受講生の勉強に対する取り組み方、取り組む姿勢を見ていると、その人の仕事での取り組み方も容易に想像できる。**いい加減な仕事しかできない人には、熱心な勉強はできない**と思う。だからこそ、社会人の受験生には、仕事のほうも熱心にやるべきだとアドバイスすることにしている。毎日の仕事が早く終えられるように、常にベストを尽くして仕事をしてもらいたい。

「ベストを尽くす」ということは、「最高の結果を求める」ことと同様に考えて、逆にプレッシャーを感じる人も多いようだ。しかし、私の考える「ベストを尽くす」ということは、一言で言うと「**心を集める**」ことだ。いろいろな弱気の虫を振り払って、いまの力をあなたが望む結果に向けて集中させるために、すべての心を集めることだ。

本気で合格したければ、勉強だけでなく、何事においても常にベストを尽くすことをあなたの習慣にしてもらいたい。家庭内のことも、マンション内のさまざまな出来事にも、何事に対してもベストを尽くせば尽くすほど、あなたのベストを尽くす能力は、さらに上達する。

心を集める能力の高い人は、必ず運も味方してくれると信じている。運は、「本当に実現したかったら、集中しなさい」といつもあなたに囁《ささや》いているのだ。

第4章
悔しさを通して魂に至れ

「嬉《うれ》しさ」や「楽しさ」は、ずっと忘れないでいたい感情だが、「悔《くや》しさ」はできるだけ早く忘れたい感情になるのではないだろうか。しかし、「悔しさ」の中にも、しっかりと受け止めて、決して忘れてはいけない「悔しさ」もあると思う。

それは誰かに負けたとかのレベルではなくて、もっと本質的な自分自身に対する悔しさだ。本当に悔しいと、涙も出ない。その悔しさを真正面から受け入れて、自分を変える大きなパワーとすることができる人は、本当に強い人だ。

☀「事実と見解を分けて考える」ことの大切さ

もう十五年以上も前の話になるが、私は「事実と見解を分けて考える」ことの大切さを学んだ。当時の私は大学を卒業しても一切就職活動をすることもなく、すべてをかけて司法試験の勉強に打ち込んでいた。その二度目の司法試験の受験にも失敗し、社会のレールを踏み外した自分の将来について、大いに悲観している時期だった。

司法試験合格後の自分の未来予想図は音もなく崩れさり、これから地元に戻り中途採用として就職する自分の未来に何の希望も見出せずにいた。

「もう、自分には何も残っていない」——本気でそう考えていた。

そんなときに出会ったのが、「事実と見解を分けて考える」という言葉だった。

確かに、当時の私も、過ぎ去ってしまった膨大な時間、提出してしまった答案、不合格といった事実は、変えることができないことだった。

しかし、その他の私が悲観していること、たとえばここで就職したら何もできなくなるとか、社会のレールを踏み外したといったことは、すべて私の思いこみ、見解にすぎないのであって、「事実ではない」ということに気づいた。ただし、私がこのままその見解にしがみついていると、その見解どおりの現実が私を待っていることも容易に想像ができたのだが。

だからこそ、私は**変えられることだけに意識を集中させる**ようにした。当然、最初からうまくはいかなかったが、当時の私はそれしかできなかった。だから、必死になって自分の見解と闘った。すると、だんだん真暗闇のトンネルの向こうに、次に進むべき道が見えてきた。自分の人生が、トンネルに入っただけであることを初めて自覚できた。

あなたにどんなことが起きても、この「事実」と「見解（思いこみ）」を分けて考えることを忘れないでいてほしい。自分のつまらぬ見解、誤った思いこみのために、あなたの無限の可能性をつぶさないでほしい。

誰にでも、先に続く道はつながっているはずだから。

ジャンプの前の、「大切なステップ」にすること

資格試験の受験生は、皆100％合格したいと思って勉強しているはずだ。だから、みんなが納得できる合格基準なんて、ありえない。いい悪いは別にして、これが現実だ。

ただ、その合格基準によって合格者になっても、不合格者になっても、その後は大きく二つのパターンに分かれることになる。それは、その経験をステップにできる人と、

そうでない人だ。

合格しても、何もできずに結局「合格がいい思い出」になっている既合格者もいるし、逆に少しくらい合格までに時間がかかっても、その後の活躍によって「合格まで、もう一年よけいに経験できて良かった」と思える人もいる。

誰にとっても、資格試験の受験は一つのホップ（挑戦）であるはずだ。大切なのは、そのホップに対しての結果を次のステップにできるか否かだ。ステップにできないと、いずれホップ自体をあなたは否定するようになってしまう。

あなたの最終的な目標は、ジャンプすることにあるはずだから、そのジャンプの前の大切なステップを真剣に見つめ直してもらいたい。

失ってはならない「自信と謙虚さ」

大きな失望を感じるとき、人は失ったことばかりに意識が向いてしまう。しかし、そんなときは、ぜひ「砂時計」を思い出してほしい。失ったと思える上部の砂の下に、それと同じだけ溜まってきている砂があるはずだ。

その溜まってきた砂の中でも、ぜひ失ってほしくないのが「自信と謙虚さ」だ。

「本当の自信」は人と比べることではないし、試験で計れるものでもない。また、さらなる努力が求められているのは、そこに何か自分にとって必要な経験が待っているからに他ならない。

プロ野球の世界では、甲子園で華々しい活躍をした選手もいるが、大学に入ってから花開く選手や社会人になってから頭角を現してきた選手も多く活躍している。逆に、ドラフトの上位で入団しても、一軍であまり活躍できずに終える選手もいる。

一人ひとりには固有の人生の波がある。いまのあなたにできることは、自分を信じ、謙虚に努力を続けていくことしかない。

この「自信と謙虚さ」を失わなければ、きっとあなたは大きな失望も、大きな前向きのパワーに変えることができる。そして、その道は必ずジャンプへと続いている。

第5章

合格の先にあるものを見つめて

資格試験を受験する目的は人によってさまざまだが、誰にでも共通する目的を一つ挙げるとするならば、それは「自分の存在価値を高めたい」ということだと思う。

会社や組織の○○（あなたの名前）としてだけでなく、自分は自分として生きたいという欲求だ。そして、その存在価値を高めたあなたは、いずれこんな存在になれる。

教えられる人から、教える人へ

励まされる人から、励ます人へ

誰かを頼りにする人から、誰かに頼りにされる人へ

勇気をもらう人から、勇気を与える人へ
アドバイスをもらう人から、アドバイスをする人へ
この全部でも一部でも、あなたがなりたいと思う存在にきっとなれる。

☀過去は変化している

よく過去と他人は変えられないと言われる。しかし、実はあなたの過去は、常に変化している。

現在、うまくいっている人は、皆「昔のあんな苦境があったからこそ、いまがある」と過去をすべて肯定できる。これに対して、うまくいっていない人は、必ず「昔のあの失敗が原因で、いまがある」といつまでも過去を失敗のいいわけに使う。

自分の「過去をどう捉えるか？」の選択権は、正にいま現在のあなた自身にある。あ

なたがこの事実を真正面から受け入れ、「いま」の重要性を大いに再確認してもらいたい。

常に**「いまの自分の道がベストなんだ」と自分に言い聞かせて、これからの生き方を大切にしていく**ことだ。新しい自分に向かって努力を続けることは、あなたの未来だけでなく、あなたの過去も変えていることを自覚してほしい。

いま、あなたの目の前にある未来

試験の本質は他人との競争だ。だから、競争を楽しむことは、試験に勝つための一つのコツである。しかし、他人との競争自体を目的にしないことも大切だ。

つまり、ずっと勝ち続けたり、ずっと絶好調だったりするわけではないのだから、競争自体が目的になってしまうと、本当の目的を見失ってしまうことになりかねない。

本当の目的とは、「あなたが何のために合格するのか？」ということだ。この本当の目的を明確にしておくことこそ、**あなた自身の「あるべき姿」を明確にしていく**ことに他ならない。

そして、このあなたの考える自分の「あるべき姿」が、あなたの未来を決定づけていく。いまのあなたは、その自分の「あるべき姿」を実現するために、日々努力している。あなたの思い描く「あるべき姿」は、目の前にあるあなたの未来の姿だ。

考えてみてほしい。あなたが合格後に出会う仲間も、現在のあなたと同じように目の前にある未来のために日々努力している。

今日のあなたは、目の前にある自分の未来をしっかりと掴めただろうか？

このことをいつも自問自答しながら、一日一日を大切に生きてほしい。

レールのない世界へ～合格者へのメッセージ

合格は、自分だけが知っている隠れた努力の積み重ねの結果である。長年の努力が実を結ぶ喜びは、本人の想像をはるかに超える。その喜びをしっかりと味わってほしい。

ただ、一つのゴールは、また別の新しいスタートラインについたことを意味している。いままでは、合格に直結したレールの上をできるだけ早く走り抜けられた人が、合格を勝ち取ったに違いない。

しかし、これからはあなたの進む道にはレールがない。いまから無限に広がるフィールドの中で、自分でレールをひきながら、自分の力で進んでいかなくてはいけないことを覚悟してほしい。

これからは、これまで以上に厳しい現実に飲み込まれそうになることもあるかもしれない。そんなときは、この受験を通して得た「本当の自信」を思い出して、あなたらしく前進していってほしい。

今回の合格をあなたの「自己創造の最初の一歩」として、これからも自分の「あるべき姿」の実現に向けて、努力を惜しまないでほしい。

私はそんな人が好きだし、これからもずっとそんな人を応援し続ける存在でいたい。

あとがき

本書が、あなたにお届けした思索の旅はどうだっただろうか？

私は、あなたに私が提案している勉強法をすべて納得してもらいたくて、本書を執筆したわけではない。ただ、短期合格のために必要な多くの問題意識について、あなた自身が考えるきっかけをプレゼントしたかっただけだ。

本書を読み終えたあなたは、私が考える思索の旅の初めの旅が終わったに過ぎない。あなたの思索の旅は、これからも合格するまで続くはずだ。

本書と出会えたチャンスを決して逃してほしくない。そのため、現在の私は、今までのブログを全面的に改良を加え、本書で出てきた【考える合格法】研究会をブログ上で再現している。そこに、本書で得られたあなたの発見や疑問等をメールでドンドン送ってほしい。これからは、紙面ではなく、ブログ上でリアルタイムに超速太朗と一緒にあなたの思索の旅が続けられる。

考えてみると、私が本書を執筆できたのも、私が常に資格試験の受験生の生の声に接することができたからに他ならない。その意味で、本書は私の力だけで書いたのではなく、私が今まで接してきた多くの教室の受講生やネット上で知り合った受験生のおかげだと思っている。

この場を借りて、感謝したい。本当にありがとう！

また、これまで私の接した受験生の多くは、すでに合格されていて、新たな道に進んでいる。一人ひとりの人生において、真剣に挑戦し、泣いて笑った一時期をともに過ごせて、本当に幸せに思う。

この資格試験の受験の世界は、あなたと私が出会ったきっかけに過ぎない。ぜひ、本書の限りないパワーをあなたの合格で証明してもらいたい。そして、いつかあなたの素敵な笑顔に会いたいと思う。それが、超速太朗の原動力だから。

その日が来るのを楽しみにしながら、超速太朗は今日も教壇に立つ。

比較認識法による考え方と解説（117ページの「X問式」）

比較認識法

※錯誤と通謀虚偽表示の第三者
●錯誤　→　善意の第三者にも対抗することができる
●通謀虚偽表示　→　善意の第三者には無効主張できない（登記不要）

解説

契約の締結を左右するほどの重要な思い違いのことを要素の錯誤といいます。要素の錯誤していた表意者は、たとえ善意の第三者に対しても無効を主張できます。この点は、通謀虚偽表示の第三者と比較しておいてください。

例3

AはBに強迫されて自己所有の土地をBに売却した場合において、Bが善意のCに当該土地を売却した場合にはAはCに対して取消しを主張できない〈96条〉

比較認識法

※強迫と詐欺の第三者
●強迫　→　善意の第三者にも対抗できる〈96条1項〉
●詐欺　→　善意の第三者には対抗できない〈96条3項〉

解説

強迫と詐欺の場合には、本人の責任の違いによって、善意の第三者が保護されるかどうかが異なります。このことは、第三者が強迫や詐欺をした場合でも同じです。

※【比較認識法】や【×問式】をもっと知りたい人は、無料のメールマガジンを定期的に配信していますので、ぜひ登録してみてください（powered by まぐまぐ！）。

●社労士超速合格！比較認識法マスター講座
→ http://www.mag2.com/m/0000134707.html

●行政書士超速合格！比較認識法マスター講座
→ http://www.mag2.com/m/0000224067.html

●宅建超速合格！比較認識法マスター講座
→ http://www.mag2.com/m/0000224310.html

例3

裁判所は、仮処分の形で、名誉毀損的表現を含む書物の出版を前もって差し止めるのは、当事者の充分な意見陳述の機会が与えられていても、違憲である〈憲法21条2項〉

比較認識法

※事前抑制
●行政権　→　「検閲」＜憲法21条2項＞に、該当する
●裁判所　→　「検閲」＜憲法21条2項＞には、該当しない

解説

検閲の禁止については、検閲の定義（税関検査事件）の内容についてそれぞれ論点があります。その中で、検閲の主体については「行政権」に限られて、「裁判所」は該当しません（北方ジャーナル事件）。

民　法

例1

Aは自分が真意でないと認識しながらBにA所有の土地を売却した場合には、Bがその Aの真意を知っていた場合に限り、無効となる〈93条〉

比較認識法

※心理留保と通謀虚偽表示
●心裡留保　→　相手方が善意無過失でない限り、有効
●通謀虚偽表示　→　無効。ただし、善意の第三者には無効主張できない〈94条2項〉

解説

心理留保の場合には、相手方は当事者ですから無過失まで要求しますが、通謀虚偽表示については第三者保護の観点から、善意のみで無効を主張できなくなります。

例2

意思表示をした者が契約の締結を左右するほどの重要な思い違いをしていた場合でも、善意の第三者には無効主張できない〈95条〉

解説

強制貯金のところは、たくさん比較認識ポイントがありますが、まず大原則として強制貯蓄と任意貯蓄を明確に区別しておくことが大切です。任意貯蓄は、社内預金と通帳保管の2つがあります。

憲　法

例1

すべて国民は、法の下に平等であって、国籍、信条、性別、社会的身分又は門地により、政治的、経済的又は社会的関係において、差別されない〈憲法14条1項〉

比較認識法

※法の下の平等
●人種　→　対象である
●国籍　→　対象ではない

解説

外国人にも、権利の性質上適用可能な人権規定は保障されていますが、すべて国民と同様というわけにはいきません。逆に、国民はいつでも「国籍を離脱する自由」〈憲法22条2項〉をもっています。

例2

取材の自由は、表現の自由を規定した憲法第21条の保護のもとにある〈憲法21条1項〉

比較認識法

※取材の自由と報道の自由（博多駅テレビフィルム提出命令事件）
●取材の自由→　憲法第21条の精神に照らし、十分尊重に値する
●報道の自由→　表現の自由を規定した憲法第21条の保護のもとにある

解説

取材の自由と報道の自由もともに、博多駅テレビフィルム提出命令事件で取り上げられました。このうち、報道の自由は表現の自由〈憲法21条1項〉に含まれますが、取材の自由については、判例の立場が明確ではありません。

労働基準法

例 1

使用者は、労働契約の不履行について違約金を定め、又は損害賠償を予定する契約をしてはならない〈法 16 条〉

比較認識法

※賠償額予定の禁止
●損害賠償額を予定　→　違反
●損害賠償を予定　→　現実に生じた損害について賠償を請求することは差し支えない

解説

昔は、不当に高い損害賠償額をあらかじめ予定されていることがあったのでしょう。
「額」があるかないかだけが、判断基準です。

例 2

使用者は、前借金その他労働することを条件とする前貸の債権と賃金を労働者の同意があれば相殺することができる〈法 17 条〉

比較認識法

※前借金相殺の禁止
●使用者の側で行う相殺　→　労働者の同意があったとしても禁止
●労働者の自己の意思による相殺　→　禁止されていない

解説

立場的に強い使用者から相殺は、労働者の合意や同意があっても絶対に禁止です。
ただ、労働者の自己の意思による相殺までを禁止しているのではあります。

例 3

使用者は、労働契約に附随して貯蓄の契約をさせ、又は貯蓄金を管理する場合は、労使協定を締結し、これを行政官庁に届け出なければならない〈法 18 条 1 項〉

比較認識法

※強制貯金の禁止
●労働契約に附随した貯蓄の契約（強制貯蓄）　→　例外なく禁止
●労働者の委託を受けた貯蓄（任意貯蓄）　→　一定の規制のもとに認められている

超速太朗（ちょうそく　たろう）

本名は岡　武史。1969年生まれ。1992年、愛媛大学法文学部卒業。3年間のサラリーマン生活の後、独立して様々な事業を経験。2001年、働きながら8ヶ月で社会保険労務士試験に1発合格し、翌年度から大手資格学校で講師を始める。たちまち人気クラスとなり、担当クラスを増設し、わずか5年あまりで総講義時間は4000時間を突破。2004年から社労士受験生向けのホームページの開設や『比較認識法』によるメールマガジンの配信を始める。2005年からは、全資格試験受験生を応援するブログを開始。すぐに人気ブログランキング（資格・キャリアアップ部門）で第1位を獲得し、以来現在に至るまでトップ10以内を確保している。2006年には、自身の提唱する『比較認識法』の学習効果を証明するため、約1年間で、DCアドバイザー、証券外務員、宅建、行政書士、ビジネス文書検定、FP技能士（3級）の試験を受験し、すべて合格。

●超速太朗のオススメ!考える合格法
http://tyosokutaro.com/
●勉強方法や受験に関するあらゆる相談は、こちらまで
oshiete@tyosokutaro.com

短期合格者《たんきごうかくしゃ》だけが知《し》っている！
「一発合格《いっぱつごうかく》！」勉強法《べんきょうほう》

2007年11月1日　初版発行

著　者　超速太朗 ©T.Tyosoku 2007
発行者　上林健一

発行所　株式会社日本実業出版社　東京都文京区本郷3－2－12 〒113-0033
大阪市北区西天満6－8－1 〒530-0047
編集部　☎03－3814－5651
営業部　☎03－3814－5161　振　替　00170－1－25349
http://www.njg.co.jp/

印刷／壮光舎　製本／若林製本

この本の内容についてのお問合せは、書面かFAX（03－3818－2723）にてお願い致します。
落丁・乱丁本は、送料小社負担にて、お取り替え致します。

ISBN 978-4-534-04302-3　Printed in JAPAN

下記の価格は消費税(5%)を含む金額です。

日本実業出版社の本

自己啓発関連書籍

好評既刊!

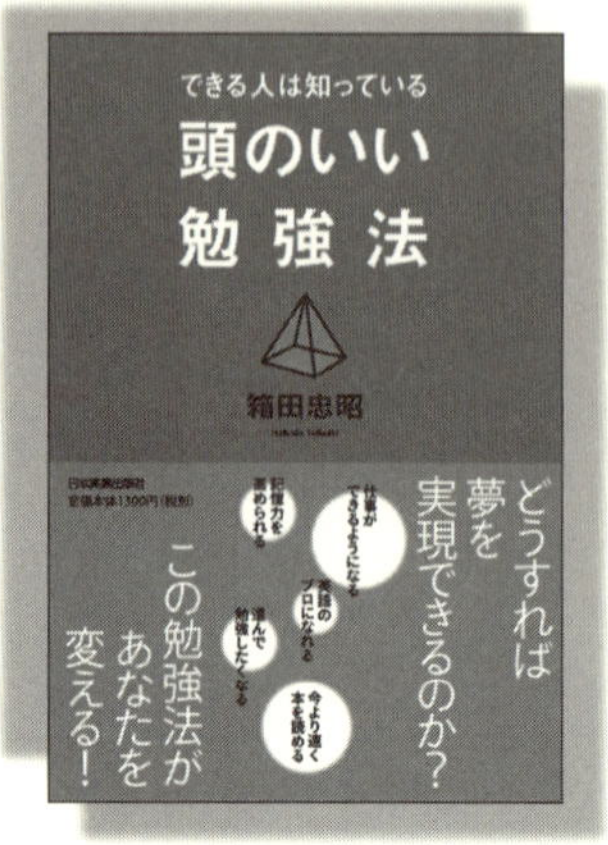

箱田忠昭＝著
定価 1365円（税込）

米山公啓＝著
定価 1365円（税込）

西山昭彦＝著
定価 1365円（税込）

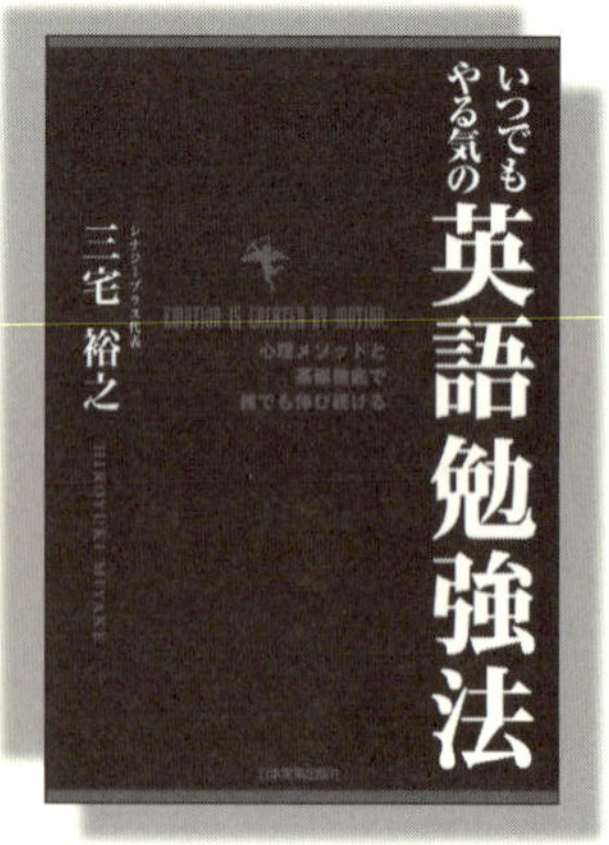

三宅裕之＝著
定価 1470円（税込）

定価変更の場合はご了承ください。